# 運命と
# うまく付き合う
# レッスン

小池龍之介

清流出版

# 運命とうまく付き合うレッスン　目次

# 第1章　「自然＝運命」と調和する生き方



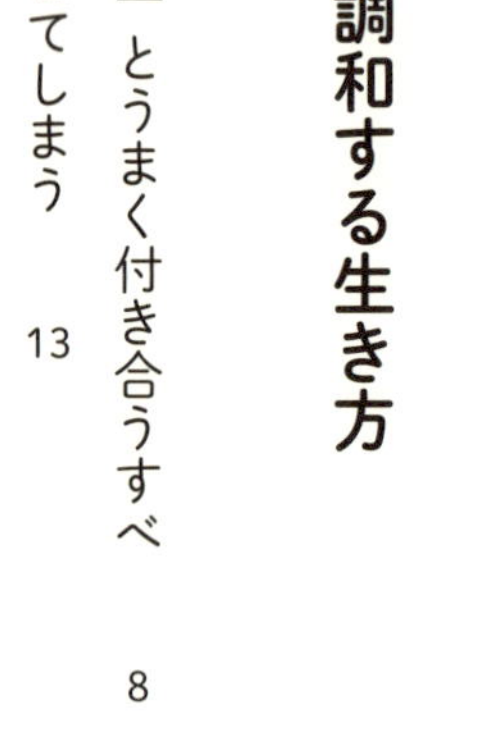

## 第2章　逆境も、出会いも別れも、運命のリズム

## 第3章 「私」は幻。「ある」がままで幸せ

大丈夫よー

# 第1章

# 「自然＝運命」と調和する生き方

## 「運命という自然法則」とうまく付き合うすべ

**自然でないものは……、ない**

皆様、こんにちは。これから、「自然にまかせる」ということをテーマに、自我の力みを緩めて、「運命という自然法則」とうまく付き合うすべを、つづってまいります。

さて。いきなりの問いかけで恐縮ですが、自然とはいったい、何でしょうか？そのあたりにある山や川や空や雲などのことでしょうか。ええ、確かにそれも自然です。虫やバクテリアは？ ええ、それも自然です。

ただ、それらは自然のほんの一部にすぎません。私たちの手も頭も足も内臓も血液も、自然です。つまり人間も、自然現象の一部です。自然の一部である人間の作り出したものもまた、広い意味では自然です。

つまり、私が今、執筆するのに使っているペンも原稿用紙も、床も天井も、この建物も、町もすべてが自然なのです。

自然でないものが、何かあるだろうか。そう考えてみると、そんなものは見つからないほど、すべてのものが自然現象としてそこにあるのです。私たちが何年何月何日の、何時何分何秒に生まれたことも、自然です。何月何日に、病にかかることも、自然です。そして何年何月何日の、何時何分何秒に死ぬことも、自然なのです。

それらが自然であるというのは、「自《おの》ずから然《しか》らしむる」と書き下すように、私たちの意思とは独立して、勝手に起きる出来事だということですね。私たちは生まれるのも老いるのも病むのも死ぬのも、自分で決めてしまうことはできないのですから。

そしてさらには、どういったタイミングで良き出会いがあるとか、反対に嫌いな人に出会うとか、仕事が軌道に乗るとかうまくゆかないとか……。そうした幸・不幸も、私たちがスイッチを押すように「幸せになれ」「不幸になれ」と決められるわけではありませんね。ですから、それらも自然なのです。

## 私たちは、運命の中に投げこまれている

ところが。私たちの脳みそは、自然に対して逆らうのが大好きですから、困りもの。「こんな人と一緒にならなきゃよかった」と人を怨《うら》んだり、「何で私が癌《がん》にならなきゃいけないの⁉」と病気を呪ったり、老いてきて身体の節々が痛くなってくると「年取るのは嫌ねぇ」とグチを言ったり……。すなわち、自然に対して文句を言い、戦争をしかけているようなものなのです。

私たちの意識はいつも、「もっと美しくありたい」「もっと健康でありたい」「もっと良い出会いが欲しい」と、今よりも良くなることを望んでいます。ですから自然（ええ、自分も自然ですからね）に対して、「もっとこうなれ」「ああなれ」と命令を下すのが大好きなのです。

ところが、自然は、それが「自然」であるからには、意識の思惑には従って

くれずに、自然そのものの中に備わった、一定の法則にもとづいてしか変化してゆきません。その法則にもとづいて、私たちは生まれ、成長し、嬉しい出会いもし、嫌な出会いもし、成功もし、失敗もし、老いて、病んで、死ぬ。

それは、俗な言葉で申しますなら、運命の中に、私たちが投げこまれているということに他なりません。ですのに、「こんな人と近くにいるのは嫌だ」「自分の顔が嫌だ」「今の社会が気に入らない」と思考するのは、運命に対して唾を吐きかけるようなものです。

つまり、「運命という自然法則」に対して、自分の好きなように変えさせようと唾を吐きかけるせいで、その唾は自分に返ってきて、苦しむハメになります。なぜなら、どれだけ文句をつけても、自然の法則を自分好みに捻《ね》じ曲げることは絶対にできないのですから。

で……、望み通りにいかないから、苦しくなるのです。

仏道を歩もうとする者にとっての処方箋は、こうです。法則に反した望みがあるせいで、望み通りゆかず苦しむことになる。望みがなければ、法則と調和して、幸せになる。そう、シンプルなのです。

かくして、晴れのときは晴れを楽しみ、風のときは風を、雨なら雨を、吹雪なら吹雪を楽しみ、自然（＝法則）と調和する幸せを、これから解き明かしてまいりましょう。

## ふわっ、と身をまかせてしまう

**法（ダルマ）とは……**

南無阿弥陀佛《なむあみだぶつ》、ナモアミダブツ。

いわゆる、念仏というものですね。私は、この「ナモアミダブツ」を宗旨とする宗派から、破門されていることに見られるように、長らくにわたって坐禅瞑想の行《ぎょう》に専念してまいりまして、ナモアミダブツがあまり肌に合わないと感じてきたことでありました。

アミダ（阿弥陀佛）という、超越的な神様のような存在を信じて、そのパワーに救われて死後は浄土《じょうど》に生まれる。そういった信仰は尊重するつもりは大いにありますけれども、今でも積極的な興味はありません。けれども、一時期、伝統寺院の住職を務めていた数年の間にわたって毎日毎日経文を唱えていた頃のことですが、それとはまた別次元のパワーが、ナモアミダブツに秘められていることに、気づかされるようになったのも確かでした。

それは、ナモ・アーミダーンブー、と、何種類もの節をつけて繰り返し繰り返し唱え、音の波動のバイブレーションが腹から喉へそして頭の先へと、この身体を貫通してゆくのを体感しているときに、生じます。そうして音の響きが息と共にこの身体を抜けてゆくさまに意識を集中していると、「私が声を出している」は抜け落ちて、ただ音が鳴り響くのを聞いているだけの、「私が」の抜けた状態に入りこんでいます。

いえ、これは深い集中状態に入りさえすれば、他の言葉を唱えていても、そうなることでしょう。ただこの場合、ナモアミダブツという音の理解に、秘密があるのです。

ナモ（南無）は、自分を捨て去って帰依しますとか、全てをまかせます、といった意味。そしてアミダブツの元になった、古代インドの言葉はアミターバ。

アミターバとは、無限の光とか無限の空間という意味で、私はこれを、無限なる宇宙、そして、無限なる大自然のエネルギーと解しています。

ですから、「ナモ・アミターバ！」を、「私は大自然のはたらきに調和します」とか、「私は大宇宙のはたらきに従います」といった意味合いに、私はとらえて唱えるようにしていたのです。

そして、私がここで「自然のはたらき」あるいは「宇宙のはたらき」などと記していることこそは、実は元来ブッダによって説かれてきた「法《ダルマ》」に他ならないのです。この宇宙に存在するものはことごとく、一つの例外もなく「自然の法則《ダルマ》」に従って生滅変化を繰り返しています。

## 自然の安らぎの秘密

前項に記しましたように、私たちの身体や心すらも、この大自然の一部である以上は、同じ法則《ダルマ》に従属しているのです。この法則《ダルマ》は、私たちちっぽけな個人に引きつけてとらえると、「運命」と考えても、あながち見当外れではありません。私たちがいつ、どんな両親の元に生まれ、どのように成長し、どんな長所と短所を持ち、どんな友人や恋人・パートナーに巡りあい、どのように老い、病み、死んでゆくか……。

そうした人生のどの局面を見てみても、すべてのことは自然を支配する法則《ダルマ》に従って、私たちの意思とは関わらず起きることが起きるべくして起こり続けるのみなのです。自分のことを何かと批判してくる人に出会うのも法則《ダルマ》により起こるべくして起きた運命的なものですし、こつこつ努力をしていた結果がある日、唐突に報われるのもまた法則《ダルマ》により、起こるべくして起きた必然です。そしてまたある朝、ひょっとして冷たいアイスクリームを食べたくなってお腹を壊したとしたら、それすらもまた法則《ダルマ》のうちのこと。

そう、すべては法則《ダルマ》のうち、なのです。そのことを私は最近、こう表現しています。起きることは起きる、起きないことは起きない、と。

しかるに私たち人間が苦しむのは、起きることに対し「起きないでくれ！」と願い、起きないことに対し「起きてくれ！」と願うのが原因なのです。必然

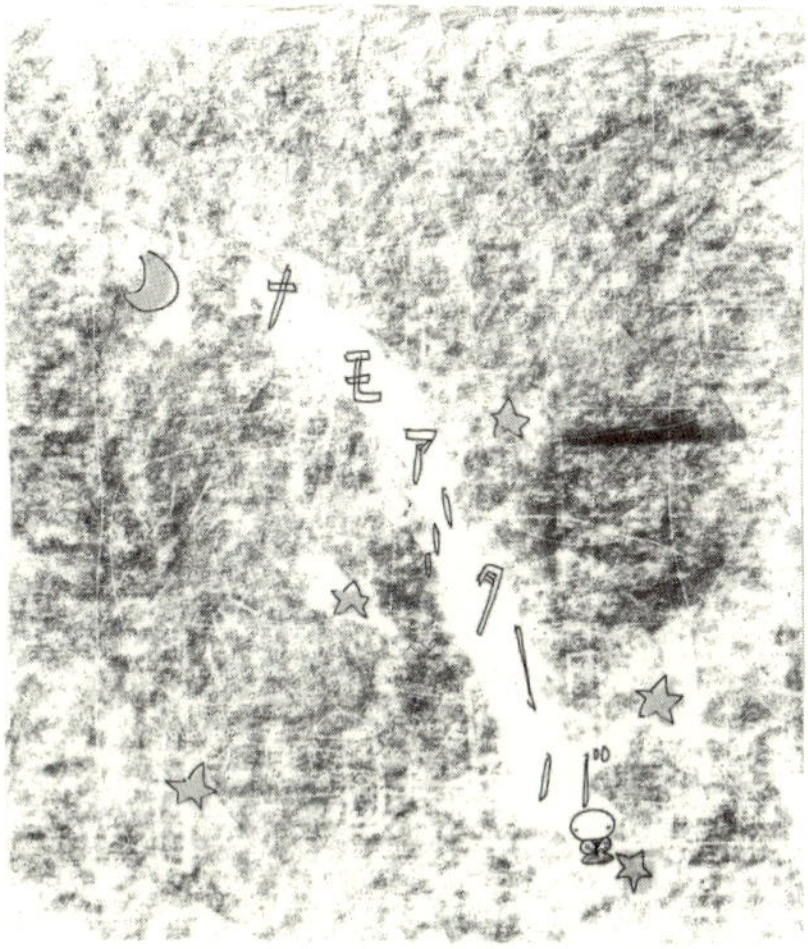


的に起きる運命に対して「これは嫌だ」「あの人は嫌だ」「こんな病気は嫌だ」と、文句をつけるので、苦しくなる。運命＝法則に逆らうから、苦しみを招いているのですねぇ。

「ナモ・アミターバ！」。酸《す》いも甘いも、起きることは起きる必然よ、と微笑んで受け容《い》れる。法則に逆らいたがる心を捨てて、法則にふわっと身をまかせてしまう。そこに安らぎの秘密があるのです。

## 運命に文句を言わなければ、ニコニコできる

### クヨクヨが消える

起きることは起き、起きないことは起きない。

——前項では、そのように記しましたね。

私はあるとき、この単純明快な事実が腑《ふ》におちて以来というもの、起きてしまったものごとについてクヨクヨする理由が、すっかりなくなってしまいました。

卑近な例を挙げてみましょうか。私はお寺の裏庭に、露天で五右衛門風呂を置いて毎日それで入浴していたのですが、ある日、うっかり足を踏み外して足を釜に当て、やや大きめの火傷をしたのです。

その火傷は、放っておいたら数日でカサブタになりました。これで安心、と思いつつも、その夜に私はふと思い立って、眠っている間にカサブタが壊れないよう保護しようと、バンソウコウを貼って入眠したのです。

ところが翌朝に起きてみますと、まさにバンソウコウを貼ったのが逆効果。気密性の高いものだったようで、中がむれてカサブタが溶け、化膿していました。

さて、このていどの些細なことであっても、私たちは自分のおこなったことが失敗や逆効果だったりすると、後悔しがちなものですね。例に洩れず私も、朝起きて早々に、「あーあ、昨日バンソウコウを貼らなきゃ良かったのに」とか、「貼るのなら、消毒くらいすれば良かったかな」とか、後悔し始めていたことです。

けれども、そうした思考は、すぐに消えて爽やかさが戻ってくる。なぜなら、起きることは必然的に起きるのだということを、すぐに思い出すからです。

後悔するとき、「バンソウコウを貼らないでいられたら……」と思っているのですが、そのときバンソウコウを貼ったしいう、たったそれだけのことすらも、私の人生の中で起きるべくして起きた、必然的な一コマなのです。つまり、それが起きない、ということは有り得ない。

それなのに、必然的、運命的に起きることに対して、起きなければ良いのにとか、起きなければ良かったのに、と逆らおうとするので、私たちの心に苦しみが生じるのです。

そのときそのタイミングで、バンソウコウを貼りたくなったのは、そのときの気分や判断力にも依存しますし、過去累々とつみあげてきた私の体験や知識という名の思いこみや、これまでの失敗への反省などなど、といった業《カルマ》の蓄積から、必然的に生まれてきた判断に他なりません。そうであります以上、一定の心の法則性と申しますかリズムに応じて、そのように判断したという以外の可能性は、金輪際、存在しないのです。

**運命に調和するには**

ですから、「ああ、起きることが起きるべくして起きただけのこと。受け容れよう」と気持ちが切り替わります。このようにして、自分の運命的な一コマ一コマに文句を言わなくなると、心持ちが一瞬にして明るくなり、ニコニコしてくるのですよ。

運命的な一コマ一コマは、すべて自然から与えられたもの、と申しますとおそらく皆様、大袈裟でドラマチックなもののみを想像されますでしょうから、今回はあえて卑近で日常的な例を挙げさせていただきました。

が、ややドラマチックなものも取り挙げてみるなら、出会い、そして別離。ときとして、私たちにとって大事な人と決定的なすれ違いをして、離れていってしまうという苦い体験をすることも、避けられはしないものです。

そんなとき、「もし、あのように言わなければ……」とか「もっと優しくしてあげていれば……」などと後悔しがちですよねぇ。私の場合、そのように後悔するかわりに、あのときは、お互いにあのようにしかできなかったのも、お互いの人生の必然的な一コマでもあり、そして別離する縁であったから、別離が起きたのだ、互いに別離する縁であるものを無理につなげようとしても苦しむだけだから、それが分かって良かった！ と、微笑みます。

実は別の可能性はなかったのだ、と静かに認めるとき、心は運命の法則性に調和して柔らかくなるのです。自然のリズムに逆らうのをやめれば、何が起きても（基本的には！）へっちゃらなのですよ。

# 「する」のも「休む」のも、自然におまかせする

## 自分に流れる自然のリズムに耳を澄ませる

「自然におまかせ」をテーマに文章をつづっております。が、このあたりで、皆様が抱かれているかもしれない誤解を、解いておきたく思いまして、本日は筆を執っている次第です。

その誤解とは、こんなものです。「おまかせ」という言葉のニュアンスからして、すべての努力を放棄して、そのあたりにゴロゴロ寝転がってダラダラすることを勧めているのでは、と。

では、そうしたダラダラするイメージを取っかかりにしてみましょう。だらしない格好をして寝転がってＴＶを観ていて、部屋を汚く散らかしたままにし

て、何もしない……。

果たしてそれは、自然におまかせ、しているのでしょうか？　答えは、否。なぜなら、今、この瞬間に自然から与えられた運命に従おうとせず、「嫌だ、メンドクサイ」という、荒れ狂った自我を、全開にしているのですから。

自然から与えられた運命、などと大袈裟な言葉でいきなり畳みかけてしまいました。が、たとえば「今は、料理を作るのに適したとき」「今は、食事が終わってお皿を洗うタイミング」などなど、自分の中を流れる自然のリズムに耳をよ～く澄ませておきさえいたしましたら、私たちには時々刻々と、使命が与えられていることに気づくはずなのです。

使命と申しましても、特にドラマチックなことであるものでもないのです。「今は、目の前で話している人のお話に耳を傾け、うなずいて受けとめて差しあげる使命」、「今は、お掃除をする使命」、「今は、久しぶりにあの人へ、改まった手紙を書いてみるという使命」などなど……。といった塩梅《あんばい》に、自然は次々に私たちへと、ミッションを課してくれているのですから、それをちゃんと受け取るようにします。そのようにしていますと、ちっとも退屈せずに日々を満喫できるのです、よ。

## 何が与えられても大丈夫

さように考えてみてくださいますと、自然ないし運命におまかせするとは、けっこう大忙し、である側面もあるのです。えー、そんなのしんどそう、と腰が引けてしまいますでしょうか？

いいえ、大丈夫です。己を貫いている自然の働きをちゃんと読み取らないからこそ、私たちは働きすぎてしまったり、人に親切にしすぎて疲れたり、頑張りすぎて燃えつきてしまったりするのです。どういうことか。

それは、時々刻々と運命から与えられる、己のミッションをこなし続けているうちに、ときには風邪を引くこともあるでしょう、ときには失恋することもあるでしょう、調子が狂うこともあるでしょう、あるいは私のような文筆家であれば執筆のアイディアが行き詰まるときもあるでしょう。

さて、そうしたぱっと見は「行き詰まり」であるような状況に、何か問題があるでしょうか。いえ、何も、問題はないのです、大丈夫、大丈夫。なにしろ、そうした元気の出ない状況こそ、自然が「今は、ちょっと一休み。休憩するのが君のミッションだよ」と、シグナルを送ってくれているのですから。

疲れてしまい、「今が、休むタイミング」という使命が与えられたときは、「ありがたいことよなぁ」と、その流れにおまかせをして、戦士の休息を取れば良いだけのこと。ですから、人生の総体からいたしますと、何が与えられてもすべてOK、なのです。

それに反して、「今は、ちょっと立ち止まろうよ」という「疲労」からの使命を無視して、ひたすら仕事ばかり頑張ろうとあがく人は、どんどん己を破壊していってしまうでしょう。

さて、冒頭の誤解へ立ち返ります。ダラダラし続けるというのは、「今は、休まなきゃいけないよ」というミッションが、自然から与えられていないときに、休もうとし続けるという点で、自然への冒瀆《ぼうとく》でもあり、そしてかえって疲

れてしまうのです。ゆえに、「する」のも「休む」のも、自然におまかせする
のがいちばん。

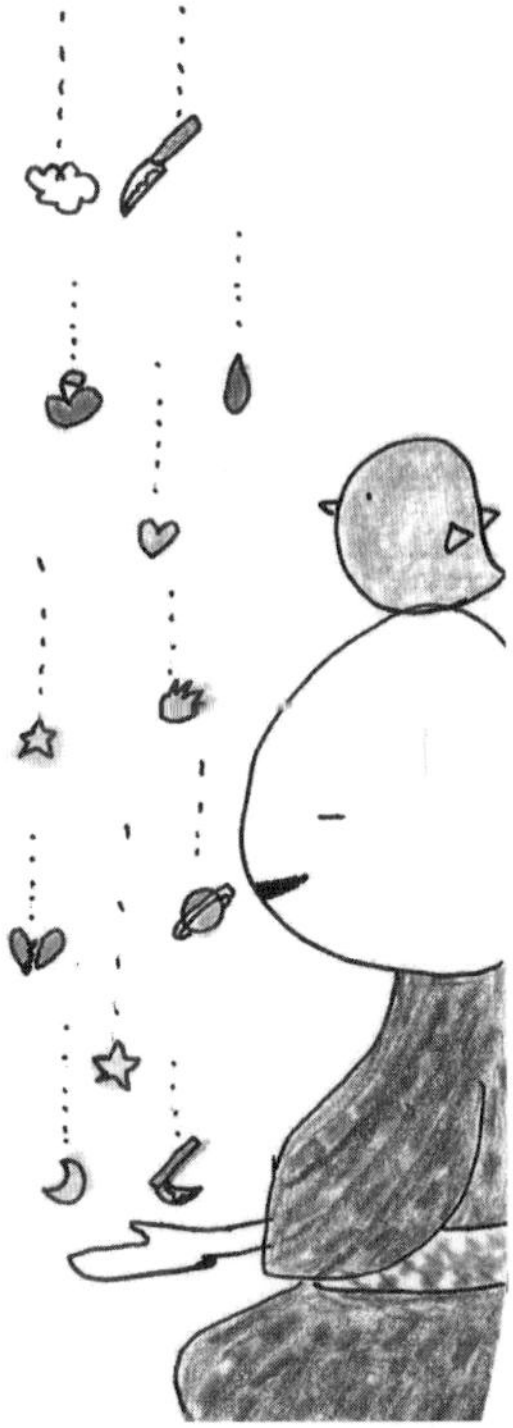

## 「私の思い」をカッコに入れ、今為すべきことを考える

**欲望が多いと、決められない**

「やる」にしても「休む」にしても、どちらも自然から与えられたミッションなのです。

――そんな話を、前項で記しました。

それを読まれたかたの中には、なるほど、とは思いつつも、それでは「いつやるべき」で「いつ休むべき」なのか、そういった自然のメッセージを、どう読み取ったら良いのか、と疑問に思われたかたも、おられたかもしれません。

また、「やる」ならやるで、今、何をすべきなのかを、どのように読み取って決めてゆけば良いのか、という疑問も、有り得ましょう。

では、まずは反対に、なぜ私たちはときとして、自然から与えられた為《な》すべきタイミングなのにダラダラしたくなったり、休憩すべきタイミングなのに無理をしたくなったりするのでしょうか。仕事をすべきか友人や家族との時間を優先すべきか、はたまたたまっていた未返信の連絡に返事をすべきか、などと、何をすべきかが定まらず、アレやコレやし迷うのは、なぜなのでしょうか。まずはそれを考察してみることにいたしましょう。

答えは、単純明快。自分なりの思い、ないし、感情が多すぎるからなのです。頭の中でグルグルグルグルと渦巻いている思考が、言わば目の前を霧で曇らせてしまっているような塩梅でありまして、そのせいで、「今、コレをするタイミング」という現実を見逃して、「でも、私は、アレをしたい」という、欲望によって覆い隠してしまうのです。

あまつさえ、「ああしたい」「こうしたい」という欲望が多くなりすぎてしまいますと、頭の中は混濁した状態になってしまい、多数の欲望同士がぶつかり合って、決められなくなるのです。

## 「迷い」から抜け出す方法

たとえば、親の誕生日が近づくなら、お祝いするというミッションが、自然の流れとして与えられるものです。旅行をプレゼントしようと思い立ったとしましょう。両親そろって移動と宿泊の旅をプレゼントする費用が、自分の家の収入一ヶ月分かかると知ると、迷ってしまうかもしれませんね。迷うくらいなら、取りやめてさっぱり忘れるなら楽になるでしょうけれども、しばしば迷い続けて、モヤモヤするものなのです。

「お金がかかりすぎるからやめようか」「でも、両親の喜ぶ顔も見てみたいし……」といった具合に。ひょっとすると、「一度、親にプレゼントするよと言った手前、今更やめたとは言えないし」なんて、思考もあったりするかも、しれませんね。

こうした迷いは、結局は、〝お金をケチりたい欲望〟と、〝両親を喜ばせることで自分に好感を持ってもらいたい欲望〟や、〝今更やめて、親から不評を買いたくない欲望〟などがぶつかり合うことによって生じていると、申せましょう。よりシンプルに申しますと、〝ケチの煩悩《ぼんのう》〟と、〝承認欲求の煩悩〟が、互角に争い合っていて頭の中が、混乱しているのです。

問題は、こうした混乱した状況を続ければ続けるほど心が定まらず、精神が疲れてしまうということですね。ですから迷いから脱け出すことが先決なのですが、今の事例のように〝煩悩vs煩悩〟の迷いから、ケチもしくは承認されたい、というどちらかを選んで決断するのはお勧めできません。

それらはどちらも「私の思い」という名の主観的歪《ゆが》みでありまして、自然のメッセージをそのまま受け取らずに、「私は、こうしたい！」と叫ぶことによって、そうした叫び声よりもずっとかそけき、小声でささやいてくれる自然からのメッセージを聞こえなくさせる元凶だからです。

そうした叫びが癖になればなるほど、「これをしたい」「あの人からこう見られたい」「こんな自分になりたい」などと、「……たい」ばかりが頭の中を占領してしまい、「今、〇〇をすべき」という、自然からの肉感メッセージを受信しにくくなってしまいます。

先程の例でしたら、ケチって安価にするでもなく評価も気にせず、純粋に相手を喜ばせようというミッションに徹するようにする。何事であれこうして煩悩をカッコに入れて、今、為すべきことを省察しますと、煩悩の叫びが静まり、視界がクリアになりますよ。

## 自然が、私の中で瞑想している

### 集中しようとすると、集中できない

つい先日まで、お寺で「イエデ式リトリート」と称する、八泊九日の瞑想合宿を開催しておりました。

朝起きてから就寝するまでの間、坐っておこなう瞑想である坐禅と、歩いておこなう瞑想である歩行禅を、およそ一時間ずつ交互に取り組みました。だいたい毎日、六時間半の坐禅と、六時間半の歩行禅に取り組んでいただく計算になりましょうか。

……と聞くと、いかにも厳しそうだとお感じになられるかもしれませんね。ええ、リラックスするコツをつかむまでは皆さんにとって、大変厳しく疲れる

ものと感じられがちなのは確かです。

けれども、もっぱらその原因は、取り組みにあたっての心理状態に起因しているのでありまして、それが取り除かれましたら、かえってものすごーく楽な日々へと、変容してしまうのですよ。

その心理状態とは、多かれ少なかれ誰もが「この取り組みによって心を静かにしたい」ですとか「こんどこそ集中したい」ですとかといった具合に、何らかの希望や期待を抱いているということです。

言い換えますと、「こうしたい」「ああなりたい」「こうなりたい」という欲望が、意識レベルでは気づいていなくても、無意識レベルで私たちの心を縛っています。そのせいで、私がどれだけ「リラックスして何の期待もなく、ごく自然な呼吸の出入りを眺めていてください」とインストラクションをしていても、生徒さんたちは無意識レベルでは、「呼吸に集中しよう、集中しよう」と、力んでしまいがちなのです。

## 集中は、知らず知らず訪れる

それの、どこに問題があるのか、分からないかたも多いことでしょう。「集中しよう」という力みがちょっとでも入っていますと、身体のあちらこちらの筋肉が緊張してしまい、疲れやすい坐り方や歩き方になるものです。そして何よりも問題なのは、「集中しよう」「集中したい」とどれだけ望んだところで、期待通りに集中できるわけではないということです。

これは生徒さんたちが苦戦しながら自分で気づくしかないことなのですが、坐禅における集中のズドーン、とした深まりは、自分の意図とはまったく関係なく、知らず知らずのうちに訪れます。集中が高まってくるべきタイミングがきたときは、別に何ひとつ努力などしなくても、呼吸にふいっと意識を乗せただけで、その中へと吸いこまれてゆく重力にでもつかまれたかのごとく、自ずから集中状況へと入ってゆくのです。

また反対に、そうしたタイミングではない体調や心理状態のときに、どれだけ「集中したい」と力んでみたところで、ひたすら弾き返されてしまうかのごとくかえって入りこめなくなり、背中や腰が疲れきってしまうことでしょう。

いやはや、つまり、前に記しましたとおり、まさに起きることは起きるべくして起き、起きないことは起きないべくして起きないのです。

にも関わらず、私たちの頑固な心は、自分の願いによってまるで魔法のごとく、起きないことを起こさせることができると思いこんでいる。それゆえ、無駄なあがきをして苦しみを増やしてしまいます。

来る日も来る日も、そうした体験を繰り返していますと、生徒さんたちもやがて気づき始めるのです。ああ、「私が集中して安らかになりたい」と力むことは無意味なことで、今、与えられることに身をまかせるしかないことよなぁ、と。

そうやって諦めきって、「こうしよう」「ああしよう」という思いが捨て放たれたとき、不思議なほどに呼吸が安らかになって心は深く安心し、あたかもすやすやと眠りながら同時に目覚めているような状態の中で、くつろいでいられるのです。

そう、瞑想もまた、「私が瞑想するんだッ」という我執《がしゅう》を離れて、まるで「自然が私の中で瞑想してる」くらいに自然のリズムにまかせたときに初めて、安らかで楽な道行きになるのですよ。

## 自然から支援してもらえる生き方

### 自然なことに悪いことはない

ローマの哲人皇帝であったマルクス・アウレリウス・アントニヌスは、『自省録』としてまとめられることとなる彼の日誌の中で、次のように記しています。

――万物を与えまた取り上げる「自然」に向かい、教養ある慎み深い者は言う、「あなたの欲するものを与えて下さい。あなたの欲するものを取り上げて下さい」と。ただし彼はそれを言うのに虚勢を張ってではなく、「自然」に恭順し心服してなす。（マルクス・アウレリウス『自省録』講談社学術文庫、鈴木照雄訳、以下同）

このような謙虚な精神でいられるならば、私たちはどのように面倒な状況を与えられてもそれに嘆き己を損なう必要もなく、好もしいと思っていた状況を取り上げられたとしても精神にダメージを受けることがなくなります。

そもそも、そうして自然の流れに反逆するのを止めて「恭順し心服して」過ごしているとき、不思議なくらい自然から私たちは支援してもらえるものであります。ただ、そうして支援してもらえ順調に進むであろうことを期待するようでは、自然にまかせたことにはなりません。

それではまるで自然の流れに向かって、「私に都合のよいもののみを与えて下さい」と命じているようなものだからです。そして、「私にとって都合の悪いもののみを私から取り上げて下さい」と。

そのような我儘《わがまま》は自然への心服どころか、自然の流れよりも「この自分」のほうが立派であり価値が高いという思いこみに、由来するのです。

あいにく、自分の都合のみを最優先しようとする生き方に対しては、自然からの支援を得るどころか、自然からの逆風にさらされることがしばしばなのです。

ですから、どんな出来事を与えられても、どんな大切なものが己の元から去ってゆくことになっても、それを与え、また奪う自然に恭順して平穏でありたいものですね。

第一には、そのことによって自然の流れに合致し、自然からの恩恵を知らず知らずのうちに受けやすくなります。第二には、より重要なこととして、仮にそれでもなおかつ不幸なことが試練であるかのように与えられたとしても、「これも自然なこと。自然なことに悪いことはない」と受け容れてしまえますから、心は不幸にはならないのです。

**ネガティブが「第二の矢」を招く**

仏教には、「第二の矢」という考え方があります。病気になったり大切な人を失ったりするという出来事そのものを、第一の矢が刺さったとするなら、それを嘆いたり腹を立てたり文句を言ったりすることを、第二の矢を自らに刺している、ととらえるのです。

つまり、起きている事象そのものには実は心に対してダメージを与える能力はないのです。事象に対して、「そうでなければいいのに」「何でこうなるんだ」「許せない」などと、心のうちにマイナスの心理反応を生み出すからこそ、実際に心と身体にダメージが生じる。

自然におまかせ、という朗らかで素朴な心持ちでいられるなら、そのような第二の矢を、己の心に刺すことがなくなるのです。だとすれば、どんな害を受けたように見えても、その害は心の中にまでは侵入できなくなってしまいますから、言わば「無敵」なのですよ。

似たようなことを、冒頭のマルクス・アウレリウスが別の箇所で述べているので引用してみましょう。

——おまえが何か自分の外にあるものゆえに苦しむ場合、おまえを悩ますのはその外なるものではなく、それについてのお前の判断である。しかしこれならば、それ（＝自分の判断／筆者注）を打ち消すことはおまえの力にできることである。——

ここでの「おまえ」とは、苦しみに負けそうな自分自身へと、彼が呼びかけているのでしょう。そう、出来事そのものが災いなのではなく、それに逆らいたがる、私たちのネガティブな判断ゆえに第二の矢が刺さるのです。私たち自身で、出来事を受け容れ、第二の矢を抜いてしまおうではありませんか。

そう、そのように心がけることによってこそ、かの皇帝も日々降りかかる難題や雑事に負けず、「賢帝」として活躍できたのでしょう。

# 自然におまかせしているのは、誰か？

## 身体も心も、自然の一部

これまで、「自然におまかせ」というテーマで色々と書き連ねてまいりましたが、ここでいっそう根本的な問いを立ててみましょう。

それは、「自然におまかせしているとして、おまかせしているのは何者なのか？」という問いです。

ええ、安直に考えますなら、私が、自然に対して、おまかせしている、という答えが出てくることでありましょう。けれども、ここでじっくり立ち止まって、何が起きているのかをよく観察してみることに、いたしましょう。

坐禅瞑想をしていて平常心がドーンと立ち現れてきているとき、この身体も、そしてこの心の活動も、自然の一部なのだということが、ごく自然に体感されるものです。身体はすみずみまで勝手に活動してくれているのが分かりますし、そのように自然に活動している身体に対して、「私が操っているのだ」という錯覚をなくして見守っていてやると、身体が活き活きと活動してくれます。

そのように歩くとき、歩みはまるで誰かに歩かせてもらっているかのごとく軽やかで、飛ぶように歩けるものですから私はそれを「自然の電動アシスト機能」などと、冗談めかして呼んだりもしているのです。生徒さんの中には、コンピューターゲームの言葉を用いて、「Bダッシュ」状態と呼んでいる人もいます。

そのような、自然のままの歩みに限ったことでもなく、皆様がふだん歩いている歩みですら、それを微調整して動かしているのは、脳の無意識的領野すなわち自然に違いありません。なぜなら、「さきほど歩いた一歩と1㎜も狂わず前後左右にまったく同じ一歩を、歩んでみてください」と言われても、自覚的意識にはとうてい、そのようなことはできようもないことでしょうから。つまり、今、この身体を、１㎜左でも右でもなく、まさにこのように動かしているのは、「私」なる者ではないのです。

そして呼吸はまた別の脳領野の仕事ですし、消化吸収も血流の調整も、睡眠メカニズムの調整も、意識の仕事ではありませんよね。

## 「私」とは幻

にもかかわらず、日頃、私たち人間は、意識によって「こんな睡眠が理想的だ」とか「そろそろ眠りたい」と命令しようとしたり、あるいは呼吸瞑想に取り組むなら「深くて整った呼吸にしよう」と命令しようとしたりしがちなものですね。

けれども、それは言うなれば、意識という部署の社員が、睡眠部や呼吸部の社員の仕事に口出しをするようなものでして、口出しされた側は混乱して、本来の機能を発揮できなくなるのです。

意識はあたかも、他の部署に対して社長であるかのように威張っているのですが、修行を通じてよく調べてみると、他の部署に口出しできるような能力は持っておらず、その点に関してはからっきし無能であることが分かってまいります。

そして、ええ、口出しという点では無能でも、口出しして命令しようとする癖をやめれば、意識に特有の能力を発揮することが見出されます。それが、対象をただ純粋に照らしてありありと気づいている、という認識機能です。

そのように、起きていることを、何の口出しもせずに純粋に照らして見つめていると（つまり自然におまかせしていると）、見つめられた呼吸も身体も歩行も血の巡りも、そして感情の流れすらも勝手に最適化され、活き活きと働き出す。そのような、魔法のような力が、意識には備わっているのです。なおかつ、こうして純粋状態へと戻った意識はひたすら光り輝いていて、完全な幸福そのものなのですよ。

さて、では、誰が自然にまかせているのでしょう？　感情や思考の流れも、止めようとしても勝手に流れ続けるということは、自動的で自然な過程です。

ということは、思考・感情の流れにすら口出しするのを止めて、思考に気づくだけにしてみる。そのとき、「まかせるのが良い」とか「まかせよう」という思いすら、自然に湧いてくるのが分かります。

そう、私がおまかせしているというのは錯覚で、自然が自然に対して、おまかせしているというのが真相なのだと申せましょう。「私がやっているのだ」という思いないし端的に「私」とは、幻なのです。

すべて任せきるなら
この任せている
思いすら
自然に返し
お任せよ。

## 運命を静観すると、良きほうへ向かう

### 運命についての誤解

先日、坐禅会で私が運命についてお話をしておりましたら、ある生徒さんから質問されました。「すべてが運命として決まっているなら、努力する気力がなくなってしまわないでしょうか」と。

おそらく、「運命」とか「必然」というものに対する誤解が原因で、そうした疑問が湧いてくるのだと思われます。

というのは、もし努力するのだとすると、運命で決まっている何らかの状態に対して、運命に逆らう形で努力というものをするのだ、というイメージがあるのでしょう。多くの人がそうしたイメージを共有しているに違いありません

が、少し待って下さい。

それでは仮に「努力をしよう」という気分が生じてきたとして、その気力は、何の原因もないところから、突如として「この私」なる者の任意によって生じてきた、などと言えるのでしょうか。それとも、直前の何らかの原因があってその原因から自ら生じてきたのでしょうか。

もし冷静に心の内側を観察してみるなら、努力をする気持ちは、直前の何らかの状態への反応として――つまり直前の状態を原因として――生じてきているのが、分かるはずです。

たとえば、「そろそろ〆切が近づいている」ということを意識したことが原因で集中し始めるとか、「今日は大事なお客さんが来る」と意識したことが原因となって、いつもより料理を、手のこんだ丁寧な作りにしたくなったり、といった努力が生じるでしょう。人からの評価を受けた仕事について、いっそう努力したくなるのもまた、評価を受けた快楽が「原因」となって、努力したくなるという「結果」が生まれているのです。

## 「原因」と「結果」の因果律

ここでは原因と結果の流れを、すこぶる大雑把に説明してみました。実際には、もっと複雑多岐にわたる原因と条件が集まって、結果が生じています。たとえば同じように評価を受けたり〆切が近づいていたり大事なお客さんが来るのでありましても、ひどく体調が悪かったら、いかがでしょうか。頭が痛いとか、歯がズキズキするとか、お腹が痛いとか、腰が痛いとか、吐き気がするとか……。おそらくは、あまり努力するだけの気力が湧いてはこないでしょうね。

または、酷くイライラしていたり、悲観的になっていたりした場合、同じ状況を与えられても、反応は自らいくぶんネガティブになりがちです。

そして重要なのは、こうして体調が良いことや悪いことや、機嫌が良いことや悪いこともまた、今、突如としてゼロから生まれたわけではなくて、それ以前の原因による結果として生まれている、ということです。

以前の食べたもの、飲んだもの、生活リズム、睡眠の質などが体調を左右しますが、「何を飲み食いしたいか」「どう生活するか」「よく眠れるかどうか」などもまた、それ以前の精神のバランスが原因となって、あくまでその結果として生じています。

機嫌の良し悪しもまた、それ以前に接した何らかの情報に対して、何を思ったかが原因になって生じた結果です。が、「以前に何を思ったか」もまた、その前にどんな機嫌だったかが原因となって生じた結果にすぎません。

ことほどさように、努力するかどうかということがそもそも、はるか過去からの原因—結果—原因—結果—原因—結果……という、複雑な因果律に従って、起きているのです。

そしてこの因果律のことを運命と名付けるなら、「運命に逆らって努力しようとする」のは実は不可能なので、馬鹿げています。そうした空回りをしたくなるのも、その人にとっての可哀想な運命ではあるのですけれども。

誰もが、運命＝自然とは異なる何かを欲望して、もがき回ります。が、そうしてもがく欲望をも運命は上手に手のうちに収めることで、動いているのです。

ところが、運命の流れに対して、別の何かを望まずに静観していたら、どうでしょう。もがき回る力をも使うことで動いていた運命が、もがかず調和することにより、そう、変容を始めるのです。良きほうへと。

## 運命の変容について

### ネガティブで我儘なエネルギーの種

前項は、もがかずにいることで運命が変容する、という結論で終わりました。これですと言葉足らずにまとめていて、具体的にイメージしていただきにくかったかもしれません。この項では、どのように運命が変容するのかについて、補足的に考察を進めてみたいと思います。

ひとまず重要なポイントを、繰り返してみますと、運命を変えようとして「あれも違う、これも嫌だ」と逆らうのを止めることでこそ、運命が変容するということです。「あれも嫌だ、これも嫌だ。変わって欲しい」と、腹を立てながら望むのは、どんなエネルギーでしょうか。もちろん、ネガティブで、我儘なエネルギーです。そのようなエネルギーが出てきて、あれやこれやと己に与えられた運命について文句を言いたくなるのは、本人の心という名前の大地に、ネガティブで我儘なエネルギーの種が、たくさん植えられているからです。そうした種が埋まっているせいで、文句を言うという以外の選択肢がありません。

つまり、与えられた体質や、顔の美醜や知力や健康や人間関係などについて、不満を持ったり文句を言ったりするのも、運命的に生じているのでありまして、それもまた運命の手の平のうちで踊っているだけなのだと、言わざるを得ませんでしょう。

そうして、新たに文句を言ったり不満を持って、「どうしてこんな人と一緒にいなくちゃいけないんだろう！（裏の意味＝本当の私は、もっと素敵な人と一緒にいられるくらい、素晴らしい人間であるはずなのに）」なんて思うことで、ネガティブなエネルギーの総量はどうなるでしょうか？　もちろん、新たな不満の種を心の大地に蒔くことにより、増量するのです。

……と、このように、一度パターン化して溜めこまれた心の種は、繰り返し

繰り返し使い回されながら、その都度ごとに増殖し続けるのです。

## 「私の大切な気持ち」ではない

では、運命の変容とは？　不満に思っても、許せなくても、耐えられなくても、そうした感情を「私の大切な気持ちだ」とばかりに、執着するのを、止めるのです。

それらは、「私の」気持ちではないのですから。「私が」「私の意図で」生み出した不満であり、許せなさであり、耐えられなさだと誰もが勘違いをしており、それゆえ「私の思い」だとして執着し、耽《ふけ》るのです。けれどもよく見てみると、過去に植えられた種に従って、自動的に、運命的に不満になり、運命的に許せず、運命的に耐えられなくなっているだけです。

それらは、自然に、否応なく生じているだけであって、どれだけ調べても、「私が」わざと引き起こしたとは証明できません。勝手に起きているだけの、言わば雷雨や嵐のような自然現象にすぎず、それは、私の感情ではないのです。

そのように見て、不満や許せなさの種が芽を吹いたとしても、起きている出来事も運命だし、それへの不満すら、運命的に不満の種が騒いでいるだけだ、と分かっているなら、運命の流れを醒《さ》めた眼差しで眺めていられます。このとき運命の流れに巻きこまれず、もはや不満に執着しませんから、不満の種は、力を失って萎《しお》れるのです。

　すると、運命の流れは言わば手駒を失ったようなもので、これまで通りのパターンでは動けなくなり、少し角度が変わるのです。今後は少し、不満を持たずに済むほうへと。

## 成功を誇るのも、失敗を嘆くのも、泥棒です

### すべては、過去に蒔いた種の発芽である

これまで、運命ないし自然の理法について記してまいりました。今、喜ばしい出来事や巡り合わせに恵まれるにせよ、嘆かわしい出来事に見舞われるにせよ、それは過去に蒔いた種が必然的に発芽しているだけであって、「私が」やっているわけではないのだと。

ですからものごとがうまく行ってもうまく行かなくても、良いアイディアを思いついても思いつかなくても、真実の世界から見てみるなら実は、喜ぶ必要も嘆く必要もないのです。

うまく行くときは、過去に形作られた好ましい因縁が熟してうまく行くこと

を恵まれただけですから、「私の手柄だ！」と有頂天になったり、「私が成功したんだ！」と鼻高々になるのは、自然の法則によって生じた成果を、「私が生じさせたんだぞ！」と盗んでいるようなものでしょう。

良いアイディアも、条件が良い形で整ったときに、パッと突如として頭の中に閃《ひらめ》くのであって、まさに自然の賜物に他なりません。それを、「私が考えた、私の素晴らしいアイディアだ」とばかりに、これ見よがしにひけらかしたり、自らの手柄のように誇らしく思うのは、美しい心根ではありません。

それもまた、自然が作り出して自然が与えてくれたアイディアを、「私のだ！」と主張して、盗みを働いているようなものだからです。余談ながらそのような観点からも、私は自分の著作物やイラストレーションなどに対して、コピーライト（著作権）がどうこうといったことは、気にかけないようにしています。

ここで申している「盗み」は、人間社会の内部では何ら問題がないように見えるかもしれませんが、「私が成功した」とか「私がこんな独自のレシピやアレンジを生み出した」とか、そんなアピールばかりしているならば、自然と申しますか天地の理法と申しますかに対しては、明々白々に、窃盗罪になると思えます。ですから、徐々に天からの助けが得られなくなるのです。

窃盗罪とはつまり、心の中に、「私は凄いんだぞ！」という濁ったエネルギーの貯金を増やすことになり、そのマイナスの貯金は必ずややがては芽を出して、マイナスの結果を招くであろうということです。それも「私が招く」のではなく、自然の法則が勝手に招くことなのですが。

**うまく行っているときも、偉ぶらず**

今、人や仕事や富や、あるいは自らの性格や考え方のパターンなどにおいて、良い形で恵まれているなら、それは過去の、良き貯金の報いを恵まれているのです。せっかく恵まれているのに、それを「私のおかげだ」と盗んでしまいますと、これからやがては、下へと傾き落ちていく準備をわざわざしているようなものだと申せましょう。

ですから、仮にどれだけものごとがうまく運び、他者から評価されても、「私の功績ですわ！」だなんて誇らしい思いに浸らないことが賢明です。その代わりにむしろ、自然法則に沿っているおかげで、こんなにも恵まれていて有り難いことだ、これからも自然法則に逆らわず、盗まずに偉ぶらずに生きていきましょう……とでも、頭を垂れていることが美しくもあり、せっかくの貯金を切り崩すことにならずにも済むのですよ。

ここまでは恵まれた場合のことを記してまいりましたが、不遇だと感じられたり、失敗や災いに見舞われたときも同じです。ふつう、「何で私がこんな目に！」と悩んだり、「ああ、私があんなことを言った（ないしは、やった）ばかりに……」と自分を責めたりしますね。

これもまた、そういうことが起きるのも、そういうことを言いたくなって（やりたくなって）しまったのも、過去に心の中に蒔いたマイナス貯金の種が、法則に従って運命的に芽を出したからです。「私が」そんな目にあったわけでも、「私が」失敗したわけでもないのに、「私が！」と悲痛に自己陶酔するのも、やっぱり盗みなのです。

ええ、失敗もまた盗むのをやめて、「これも自然の結果よなあ」と微笑と共に受容できるなら、それが今度は、新たな良き貯金を積み立てることになるのですよ。

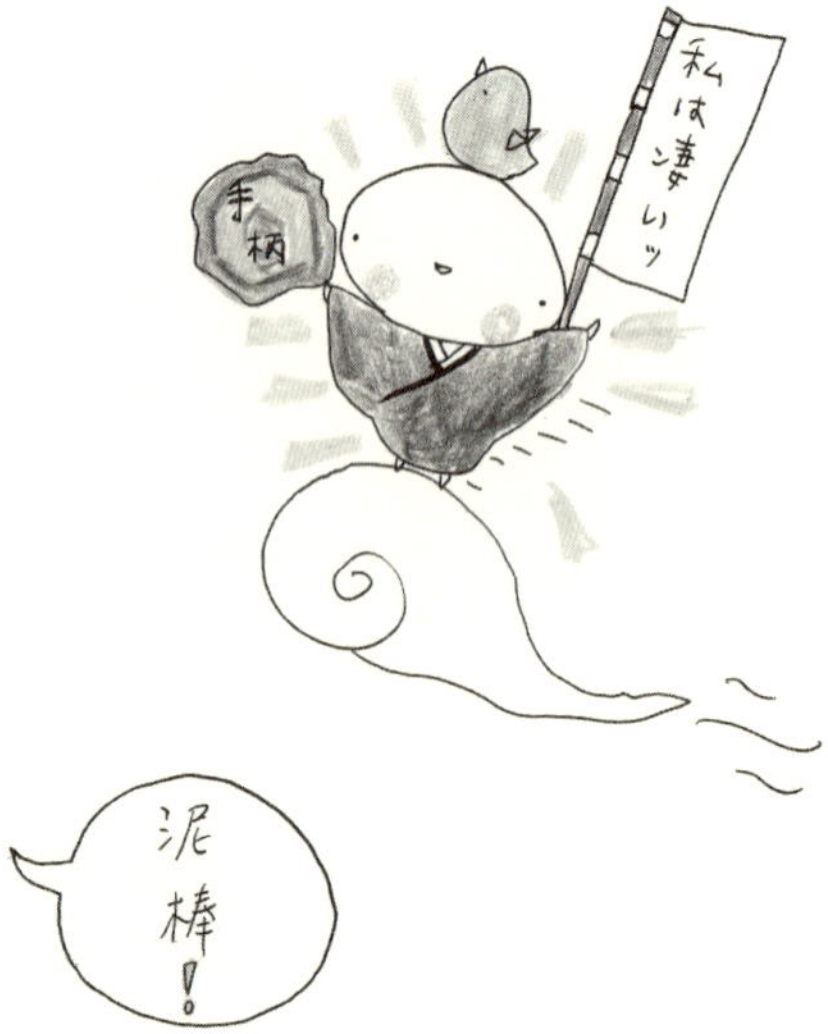

## 良いも悪いもなく、すべてが、ただそのままあるのです

### 「当たり前」はつまらない？

春は花
夏ほととぎす
秋は月
冬雪さえて冷《すず》しかりけり

これは、道元禅師による歌で、有名なものなので見聞きされたことのあるかたも、多いかもしれませんね。

ぱっと見、季節季節の自然の風物を題材にしている点で、『枕草子』に出て

くる「春は曙……」といったようなニュアンスをもって、季節の風物詩を愛でるような心地で、この歌を受け取られているかたが、多そうな気がします。が、自然の風物を楽しむ風流を歌ったようなものでは、ありません。

今回このようにお話を始めてみましたのは、編集のかたよりこの歌について、「何か当たり前すぎて、歌の意味がよく理解できません。それぞれの季節をその季節なりに楽しみなさいというのでしょうか?」というご質問を受けてのことでありました。

いやはや、このご質問から逆照射されるような形で、答えを見出すことができそうですよ。つまり、「何か当たり前すぎて……」と感じるところに、重大なヒントが隠されているように思われます。

つまり、私たちは「当たり前すぎるもの」はつまらないから嫌いで、常に「何か特別なもの」「今、ここにはないもの」「今、天地自然から与えられていないもの」を追い求めて止みません。文章や歌に触れるにしましても、「何か当たり前ではない、新奇な情報」に触れることによる楽しみや、快楽を追い求めがちですね。

そうです。このように「何か楽しいものを追い求める」という姿勢こそが、私たちを「今、ここのありのまま」の中に満ち足りなくさせてしまい、常に駆り立てて安寧さを損なう原因なのです（ついでに申すと、悟れない原因なのです）。

また、私たちは「何か特別なもの」を求める欲望ゆえについつい、単純素朴なものよりも、ちょっと深淵そうに見えるもののほうが価値が高いと思ってしまいがちなものでもありますね。

**心が満ち足りていれば、特別なものは必要ない**

いいえ。悟りの領域に心が安穏としているとき、もはやこの心は満ち足りていて、何も特別なものを必要としないのです。渇望感、渇愛による飢えが消滅しているがゆえに、目の前にあるものを「もっと良くしたい」と願う必要もなく、「何か意味を読みとりたい」と思う必要もない。

ええ。ただ、目の前のものが、目の前にあるまま。この心は、それに対して何にも付け足しませんし、何にも引き去りません。

ただ、花は花のまま。「花」という言葉は歌を詠《よ》むときには必要でしょうけれども、実際花を見ているときには、「花」という言葉や観念すら付け足さず、ただ、そこに見えているまま。この心は何ひとつとして、付け足さないでくつろいでおり、それゆえ完璧に静かなのです。そしてまた、あらゆる知識と概念を離れて、ありありとまた活き活きと、花そのものを受け取っているのです。

鳥《ほととぎす》の声が聞こえるなら、ただ単純素朴に、その声そのものを、何にも足さずに、そのままズバリ受け取っている。雪が降るなら、その景観のまま、ひらひら雪片が舞い散るままに。そして風が、ただこの身体を吹きすぎてゆく、その涼感のままに。

自然の現象に、観念も解釈も感想も、何ひとつとして付け加えません。ただ、ありありと現前している、そのまま。そのまま。そのまま。すべては、この心に余分な印象（つまり感想）を残さず、さらさらと流れ去ってゆく。しかも、活き活きと、ありありと。

かの歌には、こうした究極の「当たり前さ」が示されているのです。悟境《ごきょう》においては、すべてが、ただ、あるのです。良いも悪いも、美しいも醜いもなく、ただ、ある。そしてさらさら流れてゆくという点で、目の前にあると同時にないも同然なくらいに、心が寂静《じゃくじょう》なのであります。

# 第2章

## 逆境も、出会いも別れも、運命のリズム

## 「自然体」で付き合えば、真に「縁」ある人が残る

### 「感じの良い人」だから疲れる

最近の三十歳前後の男女に接していますと、「感じの良い人」が多いなぁ、という印象を受けます。

私の開いている坐禅瞑想のセッションを受けにいらっしゃるかたで、およそ私よりも六歳〜十歳くらい若い人たちと話をしていると、平均的に明るく朗らかで、なおかつ礼儀もわきまえているような人が多く見られます。

ただし詳しくお話を聞いてみますと、もちろん皆さん、各人各様に悩みはお持ちなのです。そんな、感じの良い雰囲気のかたの中に、「コミュニケーションが苦手なんです」と仰《おっしゃ》るかたがお一人おられたものですから、初めは不思議

に思われたことでありました。なにぶんにも、そうしたことを打ち明けて下さるにしても、表情豊かに笑くぼを作りながら滑らかに話される姿は、コミュニケーションが上手そうな、感じの良い人にしか（ぱっと見は）見えなかったのですから。

けれども聞きこんでみますと、苦手ということの本質は、別のところにありました。人と仲良くなるのはとても上手なのだけれど、その結果、相手が自分に対して期待している役割や受け応えのパターンが固定されてくると、ひどく息苦しく感じて、その人と会いたくなくなってしまう……、と。

つまり問題は、相手に気に入られるためのスキルが上手すぎるせいで、そのことの心理的負担が高まってくると何もかも嫌になってしまう、というところにあったのです。

私の世代でコミュニケーションが苦手、というと単純に空気が読めず奇妙なことを言って嫌われる（私も昔、そうでした）とか、引っこみ思案で口下手だとかを意味したものでしたが、最近では「コミュニケーションが上手すぎて悩ましい人が出てきているように思われ、興味深いことでありました。

**本心に嘘をつく不自然さ**

さて、このことは決して他人事《ひとごと》では、ありません。とっても上手に、相手に好かれるように笑顔を作り、好ましい言葉でタイミングよく相手を褒め、明るい話題を選んで楽しそうに話し、なおかつ必要以上に自分の話ばかりするのではなくちゃんと相手の話を聞く。いやはや、それはもちろん決して、悪いことではありません。

が、自然体では本当は楽しくないのに、楽しそうに振るまったり、つまらないと思いながら「わかるわかる」とか「本当だよね」などと言うとしたら、相手に気に入られるかもしれませんが、無理が積もって疲れてしまいますね。ちなみに私は、そうやって自分に嘘をついて無理をしている人のわざとらしさに対しては、よく気づくほうです。ですから、カフェなどでおばさま方が井戸端（?・）会議をしていて他人の子供の話題などについて、（本当は大して興味もないのに）興味津々のフリをして「うんうん、本当よねー！」と高速の相槌を打ち合っているのを見ますと、ああ、お互いにストレスを溜め合っていて、しんどそうだなぁ、と感じられることです。

ここで取り挙げた若い世代のかたがたが少し特殊に思われるのは、過剰に合わせすぎている人に特有の「何だか嘘っぽい感じ」をほとんど感じさせないくらいに、ナチュラルに良い感じに振るまわれているケースが多い、ということです。

ただし実は、掘り下げてみるとたいていそれは本物の自然（ナチュラル）さではなく、「人から嫌われたら大変だ！」という刷りこみから、とても上手に作りこまれた、言わば「養殖」の迫真の自然っぽく見える、不自然さなのです。

……そして、そうだからこそ皆、上手に合わせて自分の本心に嘘をつくことに慣れすぎていて、疲れ果てているのではないでしょうか。

では、無理して楽しくするのも明るくするのも、頑張って相槌打つのも手放して、もっと自然体へと戻ってみるとどうなるか。ええ、皆様が恐れているとおり、何人かの人々は、自分から去ってゆくでしょう。けれどもそれこそ、私に言わせれば幸せなことなのです！

なぜなら、自然体の自分にはマッチしないはずの（つまり「縁」のない）人たちを、無理して媚びて気に入られることで惹きつけてしまうのは、自然の理法に反したマッチングですから、不幸せなのです。去ってゆく人々をふるいにかけた後に、残ってくれる人こそ、真に縁のある人だと申せましょう。

# 出会いも良し、別れもまた良し

## 欲張ると、幸福から遠ざかる

私たちの人生はたくさんの別れによって彩られているものです。

そして私は、自然の必然として人と人とが結びつくときは結びつき、離れるときは離れるものと観念しています。親密な間柄であっても離れる時機が来たら離れるもので、それに抗《あらが》うことは無意味だと。

ところで、広く見渡してみますと、すでに離れるべき時機が到来しているのに、どちらか（ないし双方）が無理な力を働かせることにより、関係を留めているようなつながりも、世の中には多々あるように見受けられます。言わば、運命レベルでの賞味期限が過ぎているのに、それに抗ってジタバタしているような風情ですね。

そうした、無理強いをするような心の重力圏の中にとらわれていては、心配事や負担を背負いこむ量を自ら進んで増やしているようなものです。

私の見るところ、いろんな人との関係維持を欲張りすぎる人はこうした期限切れのはずの関係性をたくさんキープしようとしすぎるせいで、無用の負担を増やして、心の平穏さや幸福から遠去かっているように思われます。

私たち等身大の一個人が（とりわけ身近でコンスタントに）担える人間関係のキャパシティは意外とそんなに大きくはないことが多いものです。そうであれば、期限が切れてゆく関係性や、あるいは元より縁のない関係性を欲張ってつなぎとめようとしていると、キャパシティオーバーになって疲れるうえに、縁あって与えられようとしている関係性を見逃す鈍感さにとらわれかねません。

結局のところ、自然から与えられていないものや、自然から「そろそろ返しておくれ」と迫られているものは、欲張らずに手放し、ちゃんと返していることでこそ、次の新たなる恵みを招来するのだと、思っております。

## 仕事も人間関係も、縁におまかせ

そのように確信しているものですから、人間関係に限らず仕事や人生でのことがらも、私は無理してまでつなぎとめないようにしているのです。

たとえば、大変好ましいと思える人に巡り合っても、もちろんいくらかの好意や歓迎の心持ちは積極的に伝えますが、それ以上の背伸びをしたり媚びたりして無理に歓心を惹こうとは、いたしません。そのような「付加価値」をつけることによって、強引に引き寄せたような関係や仕事は、自然の縁に逆らっているようなもので幸福ではなく、どちらにせよ長持ちもしないことを何となく知っているからです。

また、自分にとって非常に興味があったり、好ましいと思える仕事が与えられそうになっても、物欲しくならないことです。先日もそうした機会があったのですが、私のスケジュールを無理してズラさなければ引き受けられなさそうでした。ここで、他の仕事をキャンセルしてまで引き受けるような、背伸びは

しないのがポイントです。「もう少し後の日程に再調整していただけるようでしたらお受けしますが、その日でないと難しいということでしたら辞退させて下さいませ」と、返信のＦＡＸを送ったのでした。

　これはつまり、無理してまでつなぎとめようともせず、さりとて断るでもなく、「縁にまかせた！」といった心持ちですね。縁あらば自ら、他の日程が与えられるでしょうし、縁のなからば自ら、「その日でないと難しいので、今回は無かったことに」となるでしょう。この場合は、たまたま別の日程が先方から提案されましたので「縁があった」のです。

万事、このようにして本当に縁のある人や仕事が残り、それに精魂をこめて打ちこんでゆけば良いのです。ああ工夫しよう、こう工夫しよう、ともがいてあがき回る必要はなく、万事は「縁におまかせ！」で、それ以上でもなくそれ以下でもなく、ズバリ整うのです。

だからこそ、他者や状況に媚びる必要も迎合する必要も、良い人ぶって嫌われぬようにする必要もなし。そう、出会いも良し、別れもまた、良し、なのですから安楽です。

## 失策のときは、失策のまま！

### 書くことが浮かばない

今回、何を書くか思いつかないままに、先程からしばし白紙の原稿用紙の前に座っております。それでは、本書の趣旨に沿って考えますと、「今は書くタイミングではないから他のことをしなさい」という、自然の呼び声ではあるのでしょう。

……というところまでだけ、今のうちは記しておくことにして、いったん寝かせておき、後ほど「今、書くタイミングだ！」という呼び声の生じたときに、この続きをどのようにつづることになるのか、ちょっと楽しみに、自然におまかせ、してみることにします。

＊

さて。ここから、翌日に再び書き始めた文章となります。いったん中断した翌朝の坐禅中に、たまたまひょいっと、「これを書くと良いでしょう！」という内容がパーッと頭の中に現れてくれましたので、それをここに、写し取り写し取り、記してみましょう。

今回、いったん、もがかずに時機を待ってみることにしたことでありましたけれども、そこからひょい、と想い出されましたのは、人とのコミュニケーションにおける、「もがき」のことです。

どういうことかと申しますと、たとえば失言をして不興を買ってしまったときや、もしくは心ない一言でうっかり人を傷つけてしまったときなどに、しばしば私たちは、あがきもがきがちですね。つまり、コミュニケーションの失策で自分の評価が下がってしまったり嫌われたりしてしまうのではなかろうか、と心配で心配なあまり、何とかそれを挽回しようとして、良いところを見せようとしたり、格好良いことを言って背伸びをしようとしたり、しがちなものです。

もしくは、言い訳がましく「あれは、本当はそういうつもりじゃなくて、自分はあなたのためを思ってこそ言ったんだよ」と畳みかける、ですとか。

けれども残念ながら、自己価値を挽回するために必死になっている圧迫感のせいで、相手への悪印象を緩和するどころか、むしろ逆効果になることが多いものです。なぜなら、こうした場合に相手はすでに怒ったり傷ついたりして冷静さを欠いた状態にあり、物事をニュートラルに認識できないのですから。

冷静でなく、こちら側を「嫌な人」と一時的に認識している状態の相手の脳神経回路に対して、「私は本当はもっと良い人なんですよ！　そのように理解を訂正してください」と押しつけているような格好になりますので、当然ながら、相手の脳回路は、「嫌な人が、さらに何かを押しつけようとしてきている」としか認識してくれませんでしょう。

そのようにして、早々に挽回しようとするせいで、かえって余計に後味が悪くなり、ディスコミュニケーションが深まるハメになるのです。

**失策をそのまま耐えしのぶ！**

ですから、仕事にも「今は書くタイミング！」「今は書かないタイミング！」があるように、人付き合いにおいても、「今は失策を挽回しようとせず、失策をそのまま耐え忍ぶタイミング！」というものがあるように思われるのです。

そうするためには、「自分は悪く思われたくない」という自尊心を乗り越える必要があるものですから、ちょっとした克己心を養うことにもなります。こうやっていったん、中断しておいて放っておきますなら、やがて相手が再びクールダウンしたときに、ごく自然に挽回できるタイミングが巡ってくることでしょう（もしも、その人との間に深い縁があるならば、ですが）。

ですからすぐに反射的に言い訳をしたくなるのを受け流して、時機が自ら熟すのを待つことです。失策のときは、失策のままで、待つ。

いやはや、あるかたが私のお寺の執務員に、ご自分の欠点を指摘して欲しいと頼んだそうなのですが、言われる都度にすべて反射的に自己弁護されるものですから、執務のかたもすっかり徒労感を覚えたと聞きました。自分の失策も欠点も、嫌なものですが無理に撥《は》ねのけようとしない忍耐こそが、自然から次のステップという果実を授かるのにつながるのですよ。

## どんな逆境でも、何とかなる

### 何とかならなくても心は穏やか

私は基本的に、すこぶる楽天的です。

どんな逆境に立たされても、「いやー、最終的には何とかなるでしょう」と、どこかのんびりしているところがあります。また、これまでも述べてまいりましたように、「もしも何とかならなくてすら、それも最終的には受け容れるだけの柔軟さがこの心には備わっているのだから、何とかならなくてすらＯＫ！」とも思っています。

つまり、「何とかなるはず」と信じているうえに、「万一何とかならなくても、心は乱されないからＯＫ！」とも信じているので、言わば二重のセーフティネットに守られている、とでも表現できましょうか。

いやはや、このようにしてすこぶる楽天的に生きているものですから、周囲のかたには、マイペースすぎて真剣さに欠けるように見えることもときとしてあるようです。うーん、単に「どうなっても最後は何とかなるから大丈夫よー」と思っているのでシレーッとしているだけで、その場その場で、ものごとがよりよくなるよう、与えられた選択肢を真剣に吟味はしているのですけれども、ねぇ。

さて、この原稿を書いていた時点での私も、ある意味では逆境に立たされておりましたけれども、例によって「きっと何とかなるから大丈夫」と、楽天的でありました。

**檀家さんたちから不安の声が……**

数年前のこと、私が置かれていた「逆境」の内容はと申しますと、以前、住職を務めていた山口のお寺のことです。素敵なスタッフさんが二人とも巣立ってしまったのですが、その後、ちょうどタイミング良く、長らく家族の看取りのために休暇を取られていた旧スタッフさんが帰ってきてくれたのでした。

ところが、です。戻って来られた時点でそのかたは、郷里のほうで恋人ができて婚約しており、結婚したら郷里に帰らねばならないかもしれない、とのこと。そうして仕事に改めて復帰してもらってすぐに、結局はご結婚が早まることになり、早々に辞められることになりました。

さて、そこでお寺の檀家総代（代表）さんたちからは、不安の声が寄せられました。

私が山口のお寺と関東（鎌倉）の道場を行き来していて、月に二週間くらいしかお寺にいないことで、ただでさえ元々、檀家さんたちから不安の声が寄せられていたのです。もし誰かが亡くなったとき、関東にいる私にすぐ連絡がつかなかったり、私がすぐ帰って来てくれなかったらどうするのだ……、と。

私が携帯電話を持たず、持つのを拒んでいるためもあって、私の不在時は留守番のスタッフのかたが、電話対応や連絡役をして下さることが、せめてもの安心感を与えることにはなっていたのです。

ところが、檀家の皆様が全員集まったのを前にして紹介したスタッフさんがひんぱんに入れ替わったことで、ご高齢の檀家さんがたには、お寺に安定感が欠けるという不安を改めて感じさせたようなのでした。

それでも「何とかなるでしょう」と思っていたのですが、こうしたタイミングで、檀家総代さんから、私が住職であることが原因で、うちのお寺の檀家さんたちが、まわりの檀家さんたちから、「あんたんところのお寺は……」と、地域で批判や悪口を言われているという相談を受けたのです。私が宗派から異端視されて破門されている関係で、宗派や伝統を大事にする田舎では尾ひれをつけて色々と悪く言われているのは知っていたのですが、それで檀家さんたちも苦悩している、と。

うん、「最終的には何とかなるでしょう」とニッコリしつつも、天地自然の理法は私にどうせよと迫っているのかをさらに引き続きひもといてみましょう。

逆境も、
おまかせ〜

## そのようなところへと、来るべくして来る

**私が意に介さずとも、檀家さんは……**

前項の続きです。お寺のスタッフが結婚に伴い辞められて、檀家総代さんから、色々と不安だという声を聞かされたのでした。

その際に総代さんから出た話は、「住職さん、一年前くらいに、あなたのご親戚がうちの寺の住職になってくれるという話がありましたけれど、あれはもう駄目なんじゃろうね？」というものでした。

私は記憶違いをしていたようで、こう答えました。「あれ？　あの案は、結局皆さんが反対されて取り下げたのではありませんでしたっけ……？」

すると、「いえいえ、私ら賛成してたんじゃけど、あなたのお父さんとお母

さんが反対して中途でこの話はナシになったんよ」とのお答え。

ああ、そうでした、そうでした。私としても両親の意向は尊重したいため、両親の大反対にあって、その話は中断したまま、忘れていたのでした。そうした経緯を想い出しつつ、「たぶん駄目でしょうけれども、一応、両親にも話してみますね」と申したのです。

改めて知ったのですが、私がこの寺の住職をしているせいで、うちのお寺の檀家さんたちは、周りの人たちからあらゆる種類の悪評を聞かされて、とっても肩身の狭い思いをされているのだそうです。

住職が宗派から異端として破門されたのは、保守的な地元においては非道な悪者といった見方をされてしまうようで、何をしても、「ほら、あの寺はやっぱりひどい」と言われてしまうようなのですねぇ。私がお寺でやっている坐禅の合宿は、オウム真理教のような洗脳をおこなっていると噂されたり、露天の五右衛門風呂に入るのは、裸が見える迷惑行為だと言われたり、さらに、なぜか隣の自治体のゴミ捨て場に、ゴミを分別せずに大量に不法投棄したとまで、口々に非難されているのだそうです（あっはっは）。

私自身は、いくらこうしたことを言われても少しも意に介しませんので、破門されてから六年にわたって「言わせておきましょう」と放っておいたのです。が、このやり取りの中で分かったのは、私は良くっても、うちのお寺の檀家さんたちは、周囲から「あんたんとこのお寺さんはひどい人だから大変だねぇ」といった話を聞かされるのが耐え難いのだということでした。

皆さん、ごめんなさいねぇ。とは言え、私が退任するためには後継者が必要ですし、あいにく私のもとで修行している修行僧のかたを後継者にしても、結局は悪評は消えないでしょうし、どうしたものやら……。

**「お寺から自由になろう」**

そのようなところで、たまたま父の誕生日をお祝いしようと三泊四日の休みを取って、一緒に過ごす機会がありました。その中で、今の置かれている事情を父に話すと予想外にも「いいよ。親戚のご住職に後継をまかせよう」と、あっさり退任に同意してくれました。そして、母をも説得してくれるとのこと。「もうみんな、お寺から自由になろう」と。

おや！　自然の流れが命じてくる以上は、住職の重荷をあと何年かは背負おうと覚悟していたものの、どうやらここで、「もうこれでやめて良し！」というGOサインが出たようです。

檀家さんたちにとっても私がいなくなり、元の宗派にちゃんと属している親戚が来てくれることによって、周囲の浄土真宗のお寺から「あれは怪しい宗教だ」などと悪口を言われなくなり、ホッとできるようです。ハードルであった両親の強い反対も、もはや消えました。

かくして、これまでの何らかの決断は、「私が決断している」ように見えたとしましても、実際のところは「そのようになるための、条件と縁が熟しきったことによって、なるべくしてなった」と言えようかと思うのです。

ああ、これでついに、六年ぶりに自由の身へと戻れる。自然のリズムへと、深く感謝を捧げたものです。……というところで、おやまあ、もう一ひねりの大ドンデン返しが生じたのでした。

## 望みは忘れた頃に叶う

**予想外の知らせが……**

ひとまずはこれで一件落着、と思いきや、大ドンデン返し、というところまで前項では記していましたね。

何があったのかと申しますと、私が退任した後に後任住職になって下さるということになっていた親戚のご住職から、予想外の知らせを受けることになったのです。

私が破門処分を受けている、浄土真宗本願寺派との関係を考慮しますと、無理を申して引き受けてもらうことが、どうしてもできない事情が出てきてしまったとのことでした。

そこでいったん、この話が白紙に戻ったのでありましたが、かといって私がお寺をずっと守ってゆくこともできない状況に立ち至っているわけですから、ではどうしたら良いかとなった時点で、着地点がどこへ行くのかが見えないなぁ、と思われたことでした。

ところが、この状況を知った両親が、二人でお寺に帰ってきて、父を住職として再びお寺をやって行こうと、決意してくれることになったのです。父も母もお寺を引退して、離れた町でやりたいことをして過ごしていましたので、両親が再びお寺に縛られるのも忍びなく、私としましてはそういう選択肢があることは現実的には考えておりませんでした。

結果として、私は円満にお寺を退任できることとなりました。このお寺を、修行がしやすい環境へと整備してきたことを思うと、多少の心残りがあるのも確かながらも、六年にわたる伝統寺院住職の重責から解き放たれることとなった自由さの、何と有り難いことでしょう。

我が運命がこうであるならば、と、私の肌に合わない伝統仏教寺院の運営や業務をも、なるべく精一杯務めてはまいりましたが、「ここでやめて良し！」という流れに転じたならば、「社会習俗としての仏教」から解放されて、「道を歩む仏教」一筋にやっていくことができると、喜びが湧いてくることでした。

## 自然のリズムの変調を待つ

ここで「自然」について考えてみると、色々なことが分かります。私が「退任する／しない」ということにまつわっては、周囲の複雑多岐にわたるファクターが絡み合っていて、「私が」「私の望むように」決められることではないのです。

数年前に一度、私から進んで退任しようと計画したときは、まったく状況がそれを許さず、私としては諦めて本腰を入れて、務めを果たそうと決めていました。けれどもその数年後、ひとまずこれにも慣れてきたな、というところに、退任への流れが自ずから出来上がっていきました。

そして、一度その流れが出来上がっているなら、たとえいったん白紙撤回さ

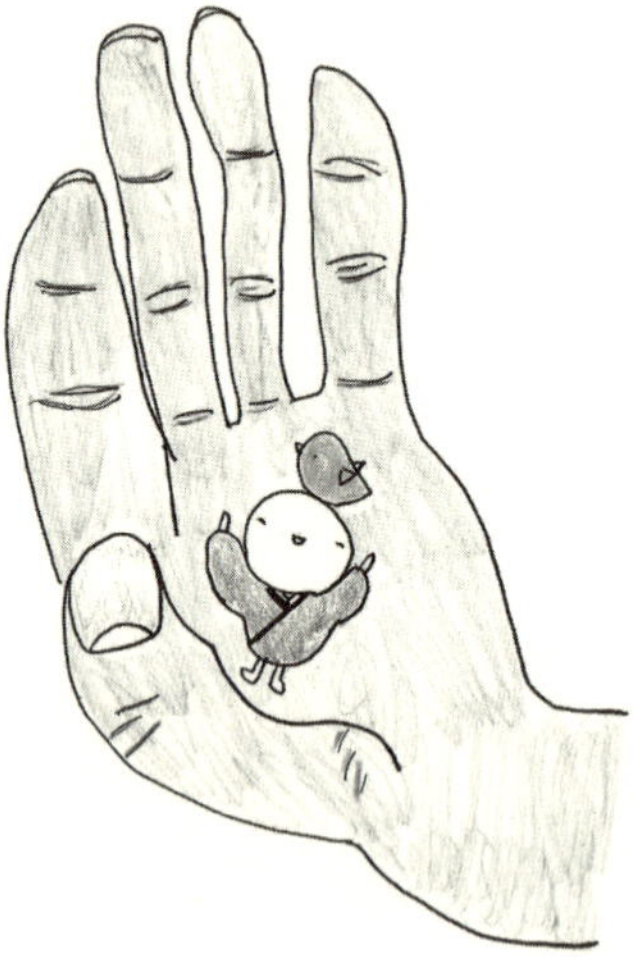

れたとしても、さらに別のファクターが動いて、あたかも必然的にそうなるべくしてなるかのごとく、再びその方向へと動いてゆくのです。
「こうなって欲しい」と思うことが、今、ここの流れに沿ったものでないなら、それを無理に実現しようとしてもしんどい思いをするだけで失敗しますし、ろくなことはありません。
そんなとき、「今は、望みに合わないことを忍耐する修行をせよ、というミッションを与えられている時期なのだな」と受け容れて、自然のリズムが（俗に言えば時流が）変調するのを待つことです。

忍耐するミッションを充分にやりおおせたとなった時点で、自然は必ずや、今度はそこから解放してくれる流れを与えてくれるものと、私は信じるところなのであります。

そうです。今は、望みが叶わないかもしれません。が、嘆かないで下さい。それは、その望みが、今は自然のリズムとミッションに合っていないだけです。文句を言ったり苛立たずに、望みを棚上げしてミッションを果たしてみる。すると、望みを忘れ去った頃に、流れが変わっていつの間にか、叶いますよ。

## 失敗しても、コケても、ニッコリ

**あちゃー。忘れ物は見つからず……**

今日は、外出先で本日締切りの本の残り約百ページ分の校正をまずは終わらせることと、それから、読んでいただいている、この原稿を執筆する予定で、出かけました。

そういうわけですから、大きな茶封筒に、本の校正刷りを入れまして、それを抱えて出発したのです。

……が、昼食後に、仕事をしようとカフェへと場を移すべく隣町行きのバスに乗りましたところ、降車後に、失敗に気づきました。

いやはや！　せっかく持ってきた校正刷り入りの茶封筒を、すっかりそのままバスに置き忘れていたのです。風呂敷と封筒と、二つも荷物を持っていると、うっかり片方を忘れてしまいやすいもので、気をつけなければなりませんねぇ。

さて、公衆電話に硬貨を入れて、バスの事務所に電話をしてみるのですが、あいにくそれらしい忘れ物は見つからない、とのこと。あちゃー。ただし、しばしその探索に時間をかけてみましたものの、この問題にこれ以上こだわるのは、スパッとやめることにしました。

ひとまず、どうやら見つかりそうにない場合に備えて、版元にお詫びして校正刷りを再発行のうえ、少し遅らせる相談をしたのです。それが済めば、紛失したことや、予定通りに行かなくなったことなどなどは、もはやあくまでも「過去の出来事」であって、現時点では、これ以上どうにも働きかけようがありません。

働きかけようもないことに対して、思いを引っかからせるのは、時間と精神力の無駄でしかありませんので、予定を変更して、今、皆様がご覧下さっているこの原稿の執筆に、まずは取りかかることにしたのでした。

このように、やらかしてしまった失敗を引きずらずにスパッと気分を転換して、「新たな今」に専念し直していますと、たとえどんな失敗をやらかしたとしても、心持ちはいつも新たに、爽快でいられるのです。それもこれも、うまく運ぶにせよ、うまく運ばないにせよ、起きることはすべて、己をも含んだ自然の因果律から与えられた出来事として受容し、一喜一憂しないという習性が、身についているからです。

## 昔の小池さん、可哀想に

それに加えて、好ましいことも、好ましからざることも、起きてしまった後は、数秒でも経過したら、もはやすでにそれ自体は「過去」のことであり、もう、今さらどうにもできず、刻一刻と「今」が更新されてゆくという、諸行無常の感覚が身に沁みて感じられていることも、大きいとは思います。

おかげさまで、失敗しても、コケても、批判されても、明るい気持ちでニッコリ微笑んでいることが叶うのです。このような生き方ができていることを思うと、ふっと、誰に対してでもなく、「本当に、有り難いことです、有り難き、幸せです」と、合掌して頭を深々と垂れたくなることもあります。

誰に対して、というよりも、こうした摂理そのものに対してか、もしくは、その摂理ないし法則性に貫かれた自然すべてに対して、です。

と申しますのも、来《こ》し方《かた》を思い起こしてみますなら、こうした失敗をした際に、いかに私がクヨクヨしがちでありましたことか。そしてまた、もはや手の施しようもないことに対して、なかなか諦めがつかず、いつまでも執着して無意味に探し続けたりして、その間ずーっとクヨクヨしているせいで、心身ともにグッタリして、「もう何もしたくないッ」と、ヤケになったりも、昔はしていたものでした。

それらのクヨクヨした振るまいは、自然のリズムにおいて生じるべくして生じた出来事を、いつまでも受け容れることができずに、「こんなはずがない！」「おかしい！」と、逆らおうとし続けていたようなものだったのでしょう。そうして反逆するがゆえの不調和から、余計な苦しみを生み出してしまっていたのですねぇ。昔の小池さん、可哀想に。

おかげさまにて、この原稿は早くに仕上がりまして、ひとまずは空き時間ができてしまいました。おやまぁ、少し、坐禅でもさせてもらうことに、いたしましょう。

あいや 失うたのは
早や
過去にして
せむかたなければ～
忘じるに 如かずや な。

# 褒められても貶されても、「柳に風」で！

## 褒められる快楽は強烈！

誰もが一般に、褒められると「わあ、褒められた！」と喜びがちなものですし、非難や貶《けな》されることを嫌がるものですね。

ところが、「褒められたい」とか「貶されたくない」ということは、私たちの行動基準を束縛して、褒められやすそうな方向へと隷属させてしまいます。

たとえば、子どもの頃にスポーツが上手な子や、ピアノが上手な子や、勉強が得意で賢い子や、絵が上手な子は、親や教師から褒められる傾向にありますね。それは子どもにたいてい、「もっと、褒められたい！」という欲望を植えつけるのです。

褒められることの快楽は強烈ですから、そのことを、もっとやりたくなります。けれども、承認され褒められることの快楽が好きなのか、スポーツやピアノや勉強や絵などそのものが本当に好きなのか、そのあたりがごちゃ混ぜになってしまうでしょう。

つまり、それ自体は、本当に心の底からやりたいような、己の自然にもっとも適合したものではないかもしれませんのに、「承認されて嬉しいから、気持ち良いから」という理由で、それが「自分に向いている」と勘違いするケースは、まれではないと思われます。

このことを考えてみるに、なにも親や教師が褒めるのに限ったことではありません。サッカーや野球のような有名スポーツの場合、そこで活躍している人が、大多数の人々から賞賛され、良い評価を受けているのを、各種メディアを通じて皆が知っています。

それゆえ、「そこで活躍できるようになると、多くの人から承認してもらえる」という欲望が生じやすいものでしょう。スポーツに限らず、どんなジャンルでも恐らくこうした理由から、人気のある花形業種には「やりたい」「なりたい」という人々が山ほどあふれかえるかのごとく、集まるものですね。

一昔前の、大手製造業や銀行員やＴＶ・新聞でありましたり、現代ではＩＴ企業やＡＩ関係など、でしょうか。

それはそれで仕方のないことだとは思うのです。このように大挙して皆が評価し、承認し、褒めてくれそうなことをしようとする結果として、社会は否応なく何かしら発展してゆくでしょうし、活気は生じるでしょう。

## 自然の力は、評価に左右されない

けれどもそこには、何かが欠けているように見えるのです。「それは、評価されて嬉しいかもしれないけれども、あなたの自然から与えられた特性に合った、ミッションに適《かな》っているのですか？」ということです。

思うに、評価されるだけのことを自分ではしている、という自意識を満たすことにつられて「自分はこの仕事が好きなんだ」と思いこんでいる度合いが強ければ強いほど、それは私たちの自然から、離反しています。

私たちに内在する自然の力というのは、承認されるとかされないとか、褒められるとか貶されるとか、そういったことによっては、まったく左右され得ないものだからです。

ここで、以前にも紹介したことのある、マルクス・アウレリウス・アントニヌス帝の日記『自省録』（講談社学術文庫、鈴木照雄訳）から、再び別の箇所を要約して紹介してみたいと思います。

——「どんなものであれ、美しいものはすべてそれ自体からして美しく、それ自体で完結している。賞賛されることを、その美しさの一部分として含むことはない。賞賛されることによって、より悪くなったり良くなったりはしないのだ」

日記は、法や真理や親切心や廉恥の心が、「褒められるがゆえに美しく、非難されるがゆえに台無しにされるとでもいうのか」と続きます。そう、私たちが本当に安堵できる、心の故郷＝自然とは、他人の評価という名前の、当てにならない、でたらめなものとはまったく、別次元に見出されるのです。褒められても貶されても、柳に風と、流して生きてまいりましょう！

## 「休ませて」という身体からのメッセージ

### 久しぶりの風邪

久方ぶりに、軽めのものながらも風邪を引きました。

まず初めに一日目は、微熱に加えてうっすら喉がイガイガするのを感じ、よくうがいをして後は坐禅をしていれば治るでしょう、と甘く見ていました。

が、二日目には喉が治ったかわりに鼻水がたくさん出て、寒けに見舞われ、薪ストーブを景気よく燃やして部屋を暖めたうえ、着物を重ねて厚着をしても、悪寒が続いたことでありました。

そして、これを記しているのは三日目で、幸いにも鼻水が少し残ってはいて病み上がり感はあるものの、およそ嵐は去ったかなぁ、という塩梅です。

幸運でありましたのは、二日目の昨日、たまたま何の仕事も入っておらず、人と会う予定もない日だったことです。予定としては、瞑想三昧の時を過ごしつつ、合間に少し買い物に出かけたりもしようと思っていたのですが、その予定は変更して諦めました。坐禅をおこないつつも、悪寒と鼻水がいよいよ強いときは、かけ布団を出してきて被って横になり、寝た状態で瞑想をしたりと、なるべく身体を休ませるようにしていました。そうしているうちに眠っていたりもして、夕方頃に起きた後は、ずいぶん体力が回復しているのを感じたことです。

以前に、「やるべきとき」と「休むべきとき」には、自然から与えられたリズムがあって、それに従うのが大切と記しましたね。今回の風邪も、うっかりすると「食材がないので、予定どおり買い物に行きたい」と思いそうになるところに、「ま、昨日と同じ食事でもいいや」と思い直して、動かずに休むことを優先しました。「里芋と大和芋と紅芯大根《こうしんだいこん》しか残ってないから、栄養が多すぎなくて内臓と身体を休ませるには、ちょうどいいかもね」なんて。

## 倒れることに、甘んじきる！

買い物に行ったり外食に出たりするくらいの体力は、充分にあったのですけれども、こうしたときには頑張らないで、風邪をじっくり受け容れていてあげるのが、快癒への最短距離だと経験上知っているので、とにかく休むことに徹しておりました。

この日は多量の鼻水が鼻をかんでもかんでも出てきまして、日頃の食事を通じて溜まっていた、余剰な物質や毒素が捨てられているのだろうなあ、と見ていたことでありました。東洋医学では伝統的に、風邪は季節の変わり目などに、前の季節に溜まった毒素を捨てるために、身体の側からわざとウイルスに感染してかかるものだ、という考え方があるのです。

そんなわけで、そうした自然なプロセスを抑える風邪薬のようなものを飲んでしまうなら、毒を捨てる流れを止めてしまいますし、そんなにしてまで自然に逆らって、「今日も元気に働こう！」としなくて良いと思うのですよ。——

風邪に倒れるときは、風邪に倒れるまま、なのです。

そうして、倒れるときはしっかり、逆らわずに倒れることに甘んじきるからこそ、毒をしっかり捨てきった後は、休息を得たことも相まって、元々よりもずっと元気一杯に、しかも頭も冴えわたっていることでしょう。いやはや、私の場合、今日の今のところはまだ病み上がりで元気一杯、ではありませんが、おそらくは明日か明後日くらいには——、ただしそれは自然のみが知る、とでも言うようなものなのです。

毒素や余剰物を捨てる、という点もさることながら、また別の点では風邪にしろ病にしろ、「ちょっとオーバーワーク気味だから、少しくらい休ませてくださいな！」という身体からのメッセージだとも申せましょう。そのメッセージに耳をふさぐかのごとくして、薬を飲んだり病院の治療に安易に頼って症状を無理やり抑えつけるのは、得策ではなさそうですね。なにせ、そうして無理に「元気」なことにしてしまうと、休息と排毒のチャンスを棒に振ってしまうのです。

「治そう！」とするのではなくて、「自然に治ってくれるのを、待っていましょう」と、ニコニコしているのが良いのですよ。

# インドで出合った「荒ぶる自然」

## インド巡礼＆瞑想の旅

この原稿は、インドから帰国した翌々日の午後に、記し始めております。インドへは、インド各地の仏跡を巡礼しつつ瞑想をし、その紀行文を本にまとめるという企画のため、十二日間ほど旅をしてまいりました。

「自然におまかせ」という観点からは、実に多くを学び吸収することのできた日々であったことです。名に負いしガンジス河や、田舎村に広がる荒野などが大自然の威力を思い出させるのはもちろんなのですが、私はどちらかと申しますと、市場の雑踏や、道路上の混沌や、怒濤のように動く人々の飾らなさなどのほうにこそむしろ、制御しようのない荒ぶる大自然を見た気がいたしました。

インドに降り立ったときは、首都デリーの大都会さが騒々しいと感じたものでしたが、最終日に成田行き国際便に乗るためにデリーに戻ってきましたら、「やけに秩序立っていて静かだなあ」と感じたことでした。それは、仏跡があるような田舎町に行くと、どこもかしこも人々が大騒ぎをしていたり、四六時中休みもなく車のクラクションが鳴っていたりして、音のシャワーを浴び続けることになったということなのです。

あちこちのヒンドゥー教寺院では、マイクで大音量化された歌や、興奮気味で叫ぶような説教が鳴り響いています。仏跡では、巡礼者たちがお経を一斉に唱えたり、歌を歌ったりしています。

## カオスの中の絶妙の均衡

そして路上では、車と三輪タクシーとバイクと自転車と、それから多数の野良牛たちが、まさにカオスといった有り様で、足の踏み場もないくらいの混雑の中、あっちこっちへ行き交っています。

「あっちこっち」、と記しましたのは文字通り、でありまして、反対車線が渋

滞していれば、みんな平気でこちら側の車線にはみ出して、逆走してくるのは

当たり前です。

そして、そんなカオスな中でも、私は事故の一つも、ケンカの一つも、目撃

はいたしませんでした。つまり、ルール無視のようでありながらも、皆で、そ

の場その場の瞬間の判断で、ぶつからないようにうまくかわし合って、結果と

してカオスの中に絶妙の均衡を形成しているように見えます。

車が逆走してきても、別に文句を言うでもなくクラクションを鳴らし、よけ

るだけです。見ている限り、互いにぶつからないよう、接近する度に皆がクラ

クションを鳴らし続けているようで、音は鳴り続いているものの、単なる合図

としてのクラクションと感じられて、鳴らしている人が怒っているわけではな

いのが何となく分かるので、特に嫌な感じはしません。

ともあれ、道路上はハチャメチャなアクション映画のような具合でありまし

て、どう見ても、「私が、私の意思で、それをどうこうしよう」などとできる

はずもないことを、日々、まざまざと見せつけられます。そして、それこそ「自然」の定義ではありませんか。

「静かな場所で瞑想したい」とか「予定通りに目的地に着きたい」といった思い通りに行くことはまず有り得ないため、「騒音の中で瞑想するのも当たり前だよね」「二～三時間遅れても当たり前だよね」「何でも、なるようにしかならないよね」と、何も事前には期待しなくなってきます。

何も期待していないので、「何が起きてもドンと来い」とでも申せそうな、すこぶる解放感のある、気軽な感じになってくるのでありました。そう、「あっはっは！」と笑えるような、気軽さ。

このような荒ぶる「自然」を前にしたときに、「自分の思い通りにしないと気が済まない」という人は、おそろしくストレスを感じて、すぐにインドやインド人が嫌いになることでしょう。

そう、荒ぶる自然を変えるのは不可能なのですから、調和する以外にはないのです。むしろそれら荒ぶる自然のシャワーをも包みこむような大らかさで、それらのシャワーを瞑想対象にしてしまえば、そのうるささの真《ま》っ只中《ただなか》で即座に心が静かになり、幸せになるのですよ。

# 第3章

# 「私」は幻。「ある」がままで幸せ

## 心は広々と自然と一致して

### 「まかせよう」という思いすら、思いこみ

この項では、ちょっと突きつめた話をしてみたいと思います。

「自然に、まかせよう」と思ったと、いたしましょう。ところが、「まかせよう」という思いは、少なくとも「私が、そう思っているんだ」と、多くの場合、いえ、ほとんどの場合、そのように思いこまれているのではないでしょうか。

つまり、少なくとも、「まかせよう」という「思い」についてだけは、おまかせせずに、「私が！」やろうと思っているのです。

この「私が！」という幻想を取り除くことが、あらゆるタイプの仏道修行の目標であってみますと、「私が」おまかせしよう、という自意識があるという

思いこみにもとづいている以上、「私」というのは幻であって、本当はフィクションにすぎないのだという精神の革命へと、どこまでいっても、いたることが叶わないことでしょう。

自分の中を通り抜けてゆく考えも、気分も、情緒も、何もかも含めて「おまかせ～」という心持ちになってゆくときには、「おまかせ～」と思っているその思いすらも、「私が」やっているのではなくて、どこかから勝手に湧きあがってきているのだということが感じられてくるものです。

「おまかせする」とは、すべての無駄な力み《りき》と、「私が！」という強張《こわば》りを抜き去って、言わば自然の流れに向かって、すべてを外部委託するような感覚です。

ところが、「すべてを外部委託する」という感覚で坐禅をしていますと、そもそも「外部委託しようとしている感」をも、外部委託してしまえることに、思い当たります。すると、手元には、何一つ、残りません。具体的な現象は、「私の手元」には、な～んにも、一切合切、残らなくなるのです。

「何にも残らないなぁ」という思いも、湧いてはくるのです。が、それは「私の」

思いではなく、勝手にどこかから湧きあがってきた、つまり外部委託された思いです。「それすらそうなのか！」という思いも、外部委託された思いであって、「私が」考えた、「私の」考えではないと分かってまいります。

かてて加えて、です。この「分かってきた」というのすら、外部委託されていて、「私が！」分かってきたのではなくて、単なる自然の流れとして、外部委託されたところで「分かる」という機能が自動生成しただけなのです。それゆえ、その「分かってきた」ことすら、「私」の手元には残りません。

## 突き抜けた心理との遭遇

こうして一切が手元に残らない感覚の中に身心を浸していますと、何も手元に残っていないのだから、「外部委託する」ことも、「おまかせする」ことも、そもそも私にはできないのではないか、と、分かってきてしまったものでした。しつこいようですが、そうして分かってきてしまったことも、私の手元で起きているのではなく、外部委託されているので、私のものではありません。

……ということは、そもそも、「外部委託」も「おまかせ」も、元々、本質的には私にはできず、私には、金輪際、ビタ一文、な〜んにも、ないのです。それどころか、何ひとつないということは――何の内容もないということは――つまり、私とは、どこにも実在していないし、はじめからどこにもいなかったものを、「いる！」と思いこんでいただけだったのだ、という、突き抜けた真理へと遭遇することになったのでした。

そう、すべての事象は元々、自

然に起き続けているだけのことなのですから、「おまかせする」ことすら、究極的には不可能なのです。なぜなら、「私」がいないのに、誰が、まかせるのでしょう？　「まかせない私」という思いこみがあってこそ、「おまかせする」という思いが出てくるのですから。真実の世界へと戻っているときは、「私」などどこにもいなかったことを思い知っていて、心はどこまでも広々と自然すべてと一致して、「まかせるもまかせないも、それすらできないくらい、元々、自然の中だったのだなぁ」と、安らいでいるのです。

## 素直に取り組めば、自然と一体になれる

### 坐禅瞑想には、知識不要！

九泊十日の、坐禅の合宿を終えて、これを記しています。生徒さんたちと寝食を共にしながら修行の指導をし、日を追うごとに確実に生徒さんたちが変化してゆくのを見ることができるのが、一番の喜びです。

今回の参加メンバーの中で際立っていましたのは、二十代後半の女性で、特に仏教の知識や経験もないかたが、今まで見たことのないような速度で瞑想を修得していった姿でした。なお、それと対照的に、かなり仏教の心理分析を詳しく学んでいる中年女性が、私の説法はよく理解されるものの、瞑想については力んでばかりで、どうにもこうにもという具合だったのも、印象的であった

ことです。

坐禅瞑想における「気づき」のレッスンの本質は、あらゆる「私にとって」という主観を取り払って、ものごとをただありのまま、自然のままに映るようにしておく、というところにあります。「私にとっては、良い」とか「私にとっては、悪い」とか「私にとっては、キレイ、キタナイ」とか「私にとっては、嬉しい、悲しい」という、主観のフィルターを外して、生のデータそのものに触れるのです。

その点からしますと、へたに仏教の知識を持っていたり、あるいはましてや、瞑想についての理論的知識を持ちすぎているのは、しばしば大変有害なことになると申さざるを得ません。

なぜなら、たとえば「呼吸がこれこれの変化をしたから、次はこうなるに違いない」ですとか、「内面の変化に対して、このように気づきを向けたのだから、これこれしかじかの変容が起こるはずだ」といった形で、事前に期待や予期という名の、先入見が入ることになるからです。そうした先入見が働かなければ、期待や予期（という欲望）のエネルギーによって、観察対象を歪めずに映すことが叶います。それによって、自然の働きへと心が調和し、解放のプロセスが始まってゆくのです。

**頑張ると、うまくいかない**

ところが、へたに知識があるせいで、「知っている通りになるべきだ」という、主観的な思いを、身体や心（どちらも自然の一部）にぶつけてしまいます。結果として、心が自然から離反したかのような状態になり、心身がひどく緊張することにもなるのです。

ええ、確かにものごとは、その中年女性が知っているとおりに運ぶのです。ただし、彼女がそのような知識と予想を忘れて、主観を離れることができれば、ですけれども。度々、そのようなアドヴァイスを繰り返しまして、ようやく彼女の心的解放のプロセスが始まったのは、全十日間の中で終わり間際の、九日目のことであり、あいにく時間切れとなりました。

修行というと、いきおい無理してでも頑張ることと解されがちですし、気づき＝マインドフルネスの修練というと、誰しも頑張って「気づこう、気づこう」とするものです。が、そうした「私が、頑張る」という感じは、自然の働きに心身を調和させるどころか、頑張りを押しつけるような具合になって、うまくゆかないのです。
翻《ひるがえ》って、予断なしに素直に取り組んだかたのほうは、自然の流れに身をまかせきって、自然界そのものの中へと心を開いてゆくこ

とを、速習することになりました。彼女のレポートではまず、「小鳥のさえずりが、外の世界からではなく、体の内側で鳴っているように聞こえる」と書かれ、やがて「小池さんのインストラクションの声も、自分の内側から鳴っていて、まるで自分が話しているみたいに感じました」と書かれるに至ります。

すべてが内側で起きているように感じられ、すべてが一体だからまったく寂しくない、と。そう、自然をありのままに、何の力も加えずに映すなら、己＝自然＝すべてであることに気づくのみならず、それらすべてが、この心（の情報処理）によって内側で生み出されている、という現場に立ち合うことになるのです。ある意味、阿呆になりきることで「全知」になるのですよ。

余談ながら、そのかたはその後、「自分がずいぶん瞑想を深めた」という思いにとらわれたせいで、大きなスランプに長きにわたり陥ることになりました。それも結局、「私が、何かを知っている」というつもりになってしまうからなのです。そういう思いは宝に見えて実はゴミなので、気をつけたいものですね。

## なーんにもない、新道場の地

### 新道場は、瀬戸内海の離島

つい最近、坐禅の十日間合宿を開催するための新道場が決まり、今は生徒さんたちを迎えられるよう内外装を改築しようとしているところです。

その場所は、山口県と広島県の境あたりの瀬戸内海に浮かぶ離島で、前島《まえじま》といいます。おそらく、ほとんどのかたは聞いたこともないのではないでしょうか。最盛期には人口が二百人くらいいたそうなのですが、高齢化と過疎が進んで、現在の実質居住者数は、五世帯七人しかいないとのことです。

そのため、空き家が多く、なおかつそのうちの大多数はすでに屋根が朽ちたりガラスが割れたりして廃屋になっていますので、ある観点からは文明が終わった後の廃墟でもあるかのような雰囲気を醸し出しているとも感じられます。家屋を取り壊して、その廃材だけが残されて積み上げられている、という場所もまた、ちらほら見られます。

合宿用道場の地を探して全国を見て回っていた中からこの島に決まった要因として大きかったのが、このようにほとんど人気《ひとけ》がなく、自然環境の良いところで参加者の方々が修行に専念できるように、ということでした。

さて、昔は民宿だったという古屋を改築するに当たって、私は何度か島にわたって、そこで寝泊まりをしながら、前の所有者さんからの残置物を片付けたりしておりました。そこで生活していますと、聞こえる音はといえば、風の音、波の音、鳥の声と、それからごくまれに船の通る音があるくらいで、人工的な音はほぼ何もなく、静かなことこの上ありません。

また、お金を使える場所は、一日に三往復ほどの連絡船の船賃を除けば、一ヶ所もありませんので、お金が無効化してしまうというのも愉快な感覚です。

## 電気・ガスなし生活を計画

滞在中、小さな浜辺に出て、その辺にあるほどよい傾斜のある岩石に坐り、海に向かって坐禅をしたものでした。そうした具合に、何もない島の中で数日暮らしていますと、何にもないことの居心地の良さがいっそう強まりまして、その勢いでふと自然に思いついたことがあります。

それは、この新道場では、電気とガスを使わないで、暮らすことにしたらどうだろう、ということです。よりいっそう、自然によりそって、山の木を間伐して薪を得ることで山の保全をする形で燃料にできたら良かろうな、と。お風呂や暖房は、これまでも薪でまかなってきたので、何の問題もないでしょう。

ですからまずは、ガスは解約して、薪で煮炊きできるカマドを設置することを、決めました。真冬の暖房は、薪ストーブを設置すればポカポカでしょう。

次に……電気は本当に、なくても大丈夫でしょうか。

私は二十代の頃にも東京で電気なし生活にチャレンジしたことがあるのですが、そのときは夏に味噌がいたんだことで冷蔵庫の必要性を、そして手洗いで

の洗濯の際、絞るときに手肌が荒れることで洗濯機の必要性を、それぞれ感じて、挫折した記憶があります。

そこで、今回はかつての東京と違い土のある場所ですから、土に穴を掘って食物を保存する、という昔ながらの知恵を用いてみてはどうかとか、洗濯物をギリギリ絞る器具があるらしいからそれを探してみようとか、具体的な対策を色々と引っ張り出しています。ちなみに洗濯に関しては、レバーをくるくる手で回すことで、遠心力によって洗濯も脱水もできる、という道具があることを知り、さっそく入手してみました。

電灯は、灯油式のランタンを用いることで、夜の夜らしさがいっそうありありと感じられて、好もしいことでしょう。うん、どうやら電気はなくても大丈夫そうだ、なーんもない、こそ、素晴らしくわくわくします。と思ったところで、むむ、トイレはどうでしょう。片田舎で、下水道も通っていませんので、浄化槽が埋められていて、そのモーターは電気で動いているはずです。むう、それでは電気をどうするか、もう少し検討してみましょうかねぇ。

## 人工物や自分の思考も、すべて「自然」

### 「自然」について見失いがちなこと

離島での新道場で、自然の中に溶けこむようにして暮らす。そんな試みのお話を、前項では記しました。

翻ってこの項では、そうした試みが見失いがちな点について考察してみたいと思います。

人工物が少なく、人工的な音もせず、空気が澄みわたっていて、土との距離感が近い。そうすると、ごく自然に「この私」という区切られた自我の幻影はゆるゆるとほどけ、消えやすいのは確かで、瞑想をするのに向いているのは、明らかです。そんな考えもあって、その建物の改修工事に立ち合った際に、ひょんなことから床を壊して張り替えるところだったのですが、壊した床の下が土の地面だったのを見て気に入ってしまいました。

「床を張り替えるのは止めにして、土の本堂にしましょう。室内なのに、外も同然に土の上で坐禅する、いいですねぇ」などと、大工さんに仕様変更をお願いしたりもした次第でありました（その後、結局は床を作り、畳敷きの坐禅堂にしましたけれども）。

ええ、こうしたことは、自然そのものと、このヒトという動物の心身は区切られていないということを肉感的レベルで感じ続けていられるという点で、有用です。

ところがもしも、ありのままに自然の流れへと立ち返ってゆくためには、「大自然の真っ只中にいなければダメなんだ」とか「文明から離れなきゃいけないんだ」と思いこんでしまったら、有害なものに変わってしまうでしょう。

一つには、自分は他の人たちと違って、自然派の生活をしているから素晴らしい、というような、歪んだ自尊心にからめとられるなら、それは極めて反自然的で傲慢な精神だからです。そして二つには、海や山や澄んだ空気や大地といったような、「自然」こそが素晴らしいと執着するならば、自然とは何かを見落とすでしょうから。

自然とは何なのかを見落とす、とは、そうした際に「自然」と思っているものも、「人工的」「まがいもの」と思っているものも、それらすべてが本当は自然だ、ということに気づいていないことです。

**人の思考も、自然の法則**

自然とは、すべてをその内部で発生させては、やがて滅ぼし、また次のものを生じさせては滅してゆくような、ありとあらゆる生滅変化の源に他なりません。当然ながら、ヒトもその力によって生まれて、老い、死んでいきます。ヒトが、ヘンテコなことを考え、良いことも時には考え、不自然なことも考え、時には自然なことも考えるといった、そうした思考現象すら、自然の法則に従って生じ、消えていく。

そうであってみれば、不自然な思考や、自然に反逆するような思考すら、自然の手の平の中でしか生じていないのですよ。たとえば、「私は、自然から隔てられ、分離していて、居心地が悪い」と思いこんだとして、そのような思いこみすら、自然の中で生じているのです。それが瞑想の実践レベルで分かってくるなら、自然に逆らったり、自然から分離したりするのはそもそも不可能、と分かってくるでしょう。

そう、「私は自然から分離している」と感じたとき、それすら自然の力によって、そうした思考が生じているだけと気づいていられるなら、「あー、徹底的なまでに、自然法則の中に包まれているのだなぁ」と、安心し切ってしまうのです。

また、こうした理法を知らずに、自我という幻にとらわれて我他彼此《ガタヒシ》と生きている人でさえも、気づかずに嘘の世界を見ているからしんどい生活をしてはいても、それすらも自然の力によって起きています。

私がこうしてペンを走らせて書く行為も、書く内容となる思考も、すべて自然の力によっているのです。このように、究極的にはすべて、人工的なものですら自然のうちで、自然の外に出ることは有り得ないと体得することが大切で、いわゆる「自然豊かな環境」は二次的・補助的なものと心得たいものですね。

## 「島の月読寺」の瞑想合宿

### 自然は「今、ここ」を教えてくれる

つい先日まで、小さな離島に新設した道場にて十日間の瞑想合宿を開き、十五名の生徒さんたちと寝食を共にしながら、指導に専念して過ごしておりました。

お金を使える場所が一ヶ所もなく、ほとんど道で誰と会うこともなく、誰もがごく自然に、裸一貫のこの身ひとつへと差し戻されるような場所です。そんな場で、日々、目・耳・鼻・舌・身体感覚・思考という六つの心の窓を、皆様にチェックする修練をしてもらい続けたのですが、そのことには予想通り、自然環境からの力強いサポートが与えられているのが、見て取れました。

「島の月読寺《つくよみじ》」と名付けた道場内にいましても、床は張らずに（執筆当時）土の地面の坐禅堂なので、絶えず土の質感や、土の香りが感覚の窓を優しく叩いてくれます。外からは、ウグイス、スズメ、メジロ、トンビ、ヤマバトなどがひっきりなしにさえずっているのが聞こえ、また、海から吹き上げてくる強烈な島風の音や、それが木々の梢《こずえ》を揺らす音も、感覚の窓を叩きます。

ましてや歩行禅（歩いて行う瞑想）の際は、道端に隣接した海辺の原っぱで行ったり来たり歩き続けているのですが、もちろんいっそう多様な感覚が生成し続けるのを、誰もが半ば強制的に感じることになったことでしょう。潮騒の音。潮の香り。草の香り。日差しの強弱変化や熱感。足が石ころを踏む接触感。鳥たちの声。目に映る海・木々・草・地面・石ころ。それらが絶えず、リアルな「今」を感じさせてくれます。

「今、ここ、この瞬間。この瞬間、今、触れている感覚の窓を開いておいて、何が生じているのか明断に気づいていて下さい」。このようにインストラクションしながら、続けます。「今、それを感じていても、それを楽しいとか嫌だとか判断せずに、ただ感じたままにしておきますよ〜。とらえません。追いかけません。何を感じていても、そこに執着せず、心の中をそれが素通りしてゆくような塩梅に、スルーしておくのです」と。

**「考え」「思考」は重要ではない**

そう、そうやって、五官＝五感をフルに開いておきながら、そこで感じたものに心が引っかからないようにしておくことでこそ、またすぐ次に訪れてきている最新の「今、ここ、この瞬間」の感覚そのものに活き活きと触れ、「今」の中に安穏として住んでいられるのです。

「あー、良い香りだなあ」とか「良い風だなあ」と心を反応させることに溺れているなら、起きている感覚そのものからそれを「良い」と判断するイメージの世界、つまり脳内感情へと心が遊離して、新たな「今」の現実の視界変化や音や思考に対して鈍感になってしまいます。

そんな考えごとに耽っている間にも、風は肌に触れ、足は草や石ころを踏み、潮の香りが鼻に届き、初夏の日差しが肌を焼き、鳥たちのさえずりが耳に触れる。「今は風」「今は鳥の声」「今は足に石ころ」……次々に入力されてくる現実のデータに、「今はこれ！」「今は、新たにこれ！」と気づいては手放し続けているなら、私たちが後生大事にしている「考え」や「感情」やらが、実は心全体にとって、さほど重要ではないことが分かってくるものです。

心の好き嫌いにより、どれか特定の感覚に留まるのをやめて、目・耳・鼻・舌・身体感覚・思考という六つの心的チャンネルをごくフラットに均等に開いて眺めるようにする。そうすると、思考よりも、思考以外の感覚が入ってきている瞬間のほうが実は遥かに多く、思考というチャンネルは、あくまでも六つの窓の一つであって六分の一にすぎないと、分かることでしょう。「ま、いっか」ですよ。

思考と感情の処理に偏っていた心を、こうして公平にありのままに開いていれば、今までより遥かに多くのものが見え、聞こえ、香り、味わえ、触れられ、ああ、生きているだけで何の不足もないと感じるほど満たされているのですよ。

そのように生徒さんたちが感覚の窓を開くための優しい家庭教師として、海と土と太陽と風と鳥たちの歌声が、どれほどたくさんの恩恵をもたらしてくれていたかは計り知れないほどであったのでした。

# 自然に秘められた力

## 瞑想のエネルギー波

瞑想をしていて体中に感じている、エネルギー波の流れがあるのですが、手の平から放出されているエネルギー波を、人に送りこむと申しますか感応させると不調や病が治ったり、緩和することがあります。

その不思議な作用が分かってから、自分の身体や、たまたま縁のあった人々の体を対象に、折りにふれてエネルギーを流すことをしています。

そう、初めのうちほど、「流す」という心持ちでした。つまり、手の平に向かって精神集中して、そこに感じられる感覚を流しこもう、という心持ちです。

実際には、流しこむだけではなくて、ご本人の身体の中でエネルギーが濁っているあたりに手を近づけてゆくと、身体から数センチ離れたくらいのところで、手の平にビリビリとした刺激感や、ビシッとした痛みなどが入ってくることも、よくあります。

つまり、互いの状態が感応し合っているのだと思います。おそらくは流しこむのと、入りこんでくるのが、同時に生じているような感じなのでしょう。

さて、そうやって精神集中をしておこなってみたところ、たとえば目の疲れを訴えるかたや頭痛に悩むかたの症状を、一時的に楽にすることはできるようでした。また、特に私が坐禅を終えた直後の状態でありましたらうまく行きやすいようでして、その日の夜はグッスリ眠れて翌日も元気一杯でした、というご報告をいただいたりもしたものです。

**「奇跡」のようで「奇跡」でない**

ところが、このような心の持ちようで実践していた頃はもっともうまくいってこの程度のものですし、うまく効き目が出ないこともあったものです。

私が、治そうとしている。それが問題でありまして、そのような発想を離れてみると、ずっと短時間で、目をみはるような結果が生じることが分かってまいりました。

具体的には、相手の悪い部分に手を近づけてもっとも感応する部分にかざすだけかざしましたら、あとはすべて、言わば自然のリズムにおまかせしてしまうのです。つまり、この体もこの心も、空っぽにしてしまい、自然に明け渡してしまうようなイメージですね。

「エネルギーを流しこもう」とかそういった働きかけはなーんにもしないで、空っぽさへと精神集中して、ふわーん、とただ安らかにしているだけです。すると、手が固まった（？）かのようになったり、全身が金縛りになったかのごとく、石像のように動かなくなり、主観的には誰か他人の手のような具合に感じられたりもするのですが、そのような「他人の手」に、ビリビリとかピシピシとか、熱感とかが感じられることもあれば、それらを忘れている場合もあります。

数十分後に、そうした刺激感がなくなってきた頃合をみて、終えるのです。するとときとして、そのかたが長年苦しんできて、病院や整体では治らなかった関節痛や腰痛がパッと治ってしまったりすることがしばしばあるのです。

こうしたことが起き始めたのは、この原稿を記している時点で最近のことで、まだ慣れていないせいもあり、まるで「奇跡」のように感じられもします。痛みが治ったかたも、感動して「不思議なことが起こりました」と仰られていました。

けれども、よく考えてみると、この世に奇跡とか不思議なこと、つまり「超自然的なこと」というのは、起こり得ません。こうしたことは起こるはずがない、と、自分で探究もせずに頭ごなしに決めつけて、その決めつけのことを「自然」と思いこむせいで、それを超えたものを「超自然的」と感じるだけのことです。

実際は、「私が」という気持ちを外して身も心も明け渡してやると、このちっぽけな「私」を遥かに凌駕《りょうが》したエネルギーが入りこんできて、それが勝手に治療してくれるからこそ、まるで奇跡のようなことが起こるのだと思います。つまり、それもまた「自然」そのものの中に秘められた力であり、奇跡でも超自然でもない。凄いのは自然の法則そのものだと、つくづく感じ入るのでした。

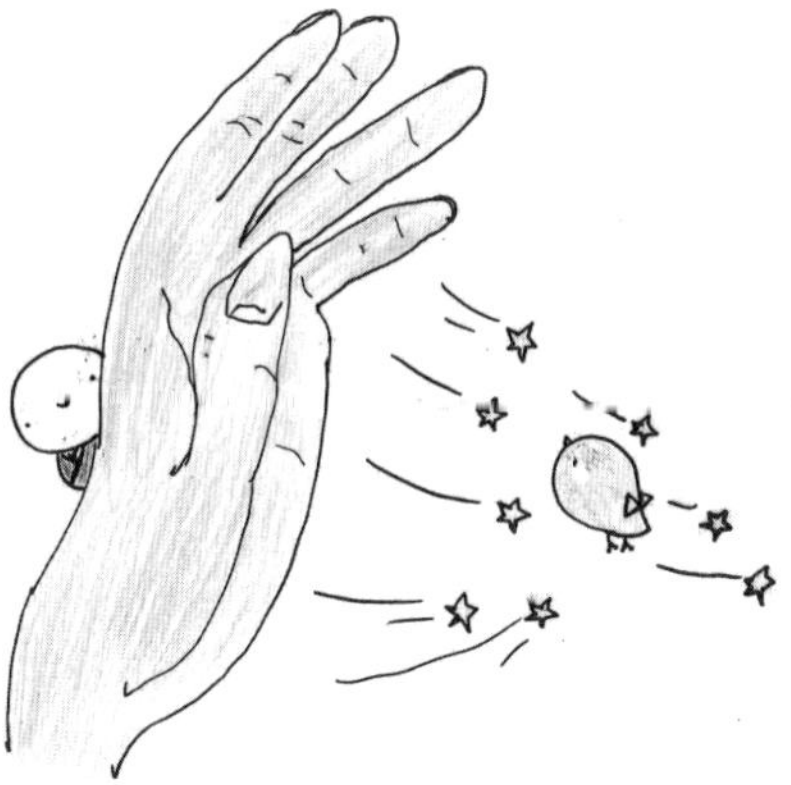

## エネルギーが淀むのは、ネガティブな感情のせい

### エネルギーの交流と共鳴

前項では、エネルギーを交流させることで相手の不調を治すことができる、と記しました。

その後も、その実践を繰り返している中で、だいたいの痛みや不調や病気は、治すことができると感じております。

相手の病気の原因になっている場所の近くで、私の側を流れているエネルギーと共鳴するようにしますと、ビリビリと神経に刺さるような電気的刺激や、痛みや熱感や圧迫感などが、入りこんでまいります。

手の平から入りこんでくる場合、どうも症状の強弱に応じて、弱い場合は手

の平が痛いだけなのですが、強い場合は肘や肩や肩甲骨くらいまで（本当にひどい場合は、腰まで）痛みが突入してくることもあるものです。

それはそれとして、私の側は身も心も『空』の状態にしてありますと、流入してくるそうした強烈なエネルギーも、この身体のどこかに溜まって悪さをすることもできずに、空っぽの中を通り抜けていって、頭のてっぺんや足の裏から流れ出てゆくのが分かります。

また、お互いのエネルギーが感応、共鳴する中で、私の側では空っぽの身体の、頭のてっぺんからキラキラした光のエネルギーが多量に降り注いで入ってきて、身体を通って、相手のほうへ流れこんでいくのが分かります。うまい具合に専念しているときであれば、相手の身体をポワーッとした電気エネルギーのオーラのようなものが包んでゆくのが、目をつむっているまぶたの裏に、見えることもあるのです。

さて、短い場合で数分、長い場合で一時間くらいでしょうか、こうしてエネルギーが共鳴するままにまかせていますと、あるタイミングで、うまく表現できないのですが、「終わった」と感じられるときがきます。「終わりだな」と頭で決める感じではなくて、エネルギーに包まれて共鳴していたのが、不意にパタッと一段落つくタイミングがありまして、言わば、急にドラマが終わるような感じだとでも申しましょうか。

そのとき、すでに患部からはビリビリや痛みのシグナルがやってくることはなくなっているものです。

このようにうまく共鳴していられましたら、この時点で不調は、たいてい解消ないし緩解しているのです。

## ネガティブな感情の声

また、こうした、エネルギー的には相手の身体の内部まで入りこんで共鳴するようなことを続けているうちに、相手のエネルギーの停滞にアクセスしているとき、しばしばそのエネルギーをそのように濁らせている過去のネガティブな感情までもが、まるで憑依《ひょうい》するかのごとく、私のほうへ入りこんでくるということを、体験するようになってまいりました。

あるかたの喉のエネルギーを流しているとき、強烈な「いや！ いや！ いやだよー」と泣いている感情が入りこんできたりですとか、別のかたの胃の不調を治しているときに「おおーん、おおーん、えーんえーん」と吼《ほ》えるように泣く気持ちが入ってきたり、といった具合です。

そうした強烈な思いもまた、入ってきて空っぽの中を通って出てゆくままにしておいてあげますと、それが終わったあと、嵐の後の静けさのように、すっきりと患部のエネルギーの乱れが整うので面白いものです。

かくして私は、ほとんどの病の原因はエネルギーの淀みのせいであり、そしてエネルギーがなぜ淀むかといえば、ネガティブな感情のせいだと、ますます確信を強めているところです。過去の感情とエネルギーを浄化すれば、病が治るのですから。

裏を返せば、皆様、ぜひともエネルギーの自然な流れを淀ませて、身体内部に滞らせるような、煩悩から離れて健やかに生きていただきたいものだと思います。煩悩は一見すると楽しく思われますでしょうけれども、実際はエネルギーを執着により淀ませて、身も心もダメにしてゆくだけなのですから。

## 自然界のあらゆる存在は、波動から成っている

### 物質に宿るエネルギー

人の中を流れている波動エネルギーを調整する話を記しましたが、人に限らず、あらゆる物体には、それ固有の振動数があって、何らかの波動を放っています。

こういう話をすると世迷い言を言っているように受け取られかねないので慎重に申したいところですが、庭に生えている樹木も、皆様が日用使いをしている食器もペンも、書籍も、机も椅子も、ことごとく何らかの振動波を放っているのです。振動波とか波動エネルギーとか言われると信じられない、と感じるかた向けには、あらゆる物質が、極微細な放射線を放ちながら変化と崩壊の途

上にある、とでも申しましたら、納得しやすくなることでしょうか。

そうした振動波を感じるようになって以来、自然界のあらゆる存在たちが、常時、エネルギー波を放射し合いながら交流していて、もちろん私たち人間とも交流し合って、お互いに影響を与えている様が、よく見えるようになりました。

物体が放っているエネルギー波がさほど強くない場合は、やや意識的に心を開いて、対象に集中すると波動を感じるのですが、強い場合は、ごく自然に、振動が入ってくるのを感じます。

強い波動を持ったものとして、私の体験上で思い当たるうちで典型的なものは、喜びもしくは反対に怒りや悲しみの思いで書かれた手紙です。明るい手紙はしばしばビビッとかググッとか力強く勢いのある波動エネルギーが、入ってきます。反対のものは、ピリピリと神経系を刺激するような痛みを伝達する、荒い波動であることが多いです。

もっとも、どんな感情で書かれていても、常時、うつうつとしておられるのが癖になってしまっているかたの書いた物や持ち物は、あいにく基本的には、ネガティブな荒い波動を放っていることがほとんどなのですけれど。

また、海岸に降り立ってみて、海水で長年洗われた岩石などをスキャンしてみますと、大変繊細で、かつ力強いエネルギー波を放っているものが多く見られ、明らかにそれらは、人体に良い影響を与えるように思われます。もちろん、個体差があるのですが。様々な鉱物は、千差万別な波動を放っていて、それらのうちのいくつかは、大変に高周波の、良質なエネルギーを放っています。

## 食べ物から感じる波動

他に思い当たるのは、食べ物のことです。ある種の食べ物は、何の気なく手に取っただけで、ビリビリ、ジリジリと手の中に荒くて鈍いエネルギー波が入ってくるものでして、そうした食べ物ばかり口にしていると、体にも心にも良くなかろうなあと思われることです。と申しますのは、口にする食べ物の栄養価や農薬の有無以前に、その食品に孕《はら》まれている振動エネルギーは、ダイレクトにこの身心を流れるエネルギーに影響するからです。

「では、どんな食べ物が、波動が良いの？」と、このように気になるかたもおられるのかもしれませんが、これは決して一概には申せませんし、あまり気にせずこだわらないほうが心にとって良いのです。変にこだわりすぎると、その執着が心身を害しますからね。それでも、一応のヒントは記しておきましょう。

食材の時点であれば、生産した人や運んだ人の精神状態に応じて、その人たちの波動エネルギーを浴びています。また、食材が育った土壌の磁場エネルギーも強力に関係していると思います。とは言え、見てきたかぎりですと、とにかくその食べ物に関わった人間の念波が強く入りこんでいますので、誰が関係しているのか、ということが大きいです。調理される時点では、調理や加工をする人の人格なども反映しています。

私自身は、ふつうのスーパーマーケットで買い物をすることも、自然食品店で買い物をすることも、どちらもあるのですが、必ずしも自然食品店のもののほうが、波動が良いとは限りません。たとえば、有機でとても上質な、「こだわりの」品で、持つだけで手がジリジリと痛くなるほど禍々しい波動を放っているものも、あるのです。それから、小規模店舗の場合は、店主のかたの精神状態がほぼ全商品に浸透していますので、注意が必要だと思います。関わった人のエネルギーが強く浸透していまして、作っている人が頑固にこだわりすぎて他を批判していたり、怒りっぽかったりしたら、有機だろうと何だろうと、台無しなのです。

　ですから、日々のご飯を作るとき、ぜひとも、明るく、焦らず、こだわらず、優しい気持ちで作って下さいね。優しい気持ちが、最終的に食材たちを良い波動に調和させるでしょうから。

## 満ち足りたエネルギーと、不機嫌なエネルギー

### 私たちも、エネルギーの通り路

これまで何回かにわたって、人体や物質から放出されている波動エネルギーについて、記してまいりました。

私たちが「自分の身体」と思っているものも、細かく観察してみると、波動エネルギーが出ていったり入ってきたりしている、エネルギーの通路のようなものに、すぎないのです。

そう、通常私たちが「この私」と思っているものは、色んなエネルギーが通り抜けてゆく、通り路《みち》なのです。この通り路は、新鮮で高波動なエネルギーが流入して通り抜けていってくれているなら、健やかで活発に機能します。

反対に、濁って鈍重になった、低い波動エネルギーが体内に停滞するなら、表面的な表れとしては重苦しく、疲れやすく、悩ましくなるものなのです。

流出入するエネルギーの質を決定するのは、端的にそのときそのときの精神状態でありまして、優しさや穏やかさや満ち足りた充足感と感謝といったような、執着の少ないサラサラした状態のとき、エネルギーの流れが活発になり、より繊細で高波動なものとなります。

裏返しますと、「こうしたい、ああしたい」と欲望で心をジタバタさせたり、「これが嫌だ、あれが嫌だ、あの人が嫌いだ、この人も嫌いだ」と嫌悪感を振り回したりしますと、テキメンにエネルギーの流れは鈍重で、低波動なものになります。

不安や悲しみや妬みや劣等感といったようなマイナス感情も同様のことでして、エネルギーの流れを停滞させて、少しずつ少しずつ病気に近づいていっているようなものなのです。

ですから、ご自身を健やかに保つためにも、他人の欠点を探したり、非難したりするのは今すぐにでも止めて、心ばせを、明るくてサラサラしたものへと変容すべく、精神的な取り組みに努めてみる価値は、あまりにも大きなものとなり得るのです。

## 不機嫌なエネルギーは相手にも影響する

そうして、流れ入ってきては出てゆくエネルギーの質が高波動な、光に満ちたものに変わってゆくなら、他に特に何もなくても、今すぐに、ここ、この場で、ズバリ幸せ以外のなにものでもないことを、ヒシヒシと感じることが叶うでしょう。

以上は私たち個人の話でしたが、実は私たち誰もが、身近な人々が発散している波動を浴びながら日々を送っています。私の場合は、相手から飛んでくる波動を明確に感じるものですから、サラサラした光のエネルギーを放っている人（めったにいませんが）が近くにいるとこちらのパワーが増幅するのを感じますし、悲しみや不満や不機嫌さでいっぱいの人が近くにいると、そのジリジリした痛みの波動が飛んできて、こちらも痛みを感じるほどです。

坐禅の合宿などで十日間も指導していますと、生徒さんたちの放っている刺々《とげとげ》したエネルギーが日々、こちらへ流れ飛んできますので、最初の数日間は、それらの負のエネルギーをこちら側で受け取って浄化することに多くの時間が割かれます。これは正直申して少々疲れるので一瞬、「人の指導などせずに独りで自分の坐禅だけしていたら大変安楽なのに……」と思いかけることもあるのです。が、生徒さんたちのエネルギーの質が変わってゆく中で、合宿後半にもなると空間全体が、非常に高められた波動のハーモニーで満たされてゆくのをみると、何より報われることです。

さて、特にこのように他者からの波動を「実感」していなかったとしても、誰しも知らず知らずのうちに、身近な人々からの波動エネルギーを浴び続けていて、私が思うには相手からの言葉以上に、無意識レベルの影響を受けています。特に、相手のことを憎んだり好意を持ったりという形で、互いに精神的な感応状態にある場合に、波動エネルギーは如実に混ざり合い、影響は大きくなります。つまり、縁が深くなるほど、相手の波動エネルギーの影響力は高まり、良い方にも悪い方にも感応しやすくなるのです。

誰を友とし、パートナーとし、師とするかは自らのエネルギー状態に影響大なのですから、重苦しい波動を放つ人を選ばないよう、慎重にしたいですね。

## 木に宿る精霊からのメッセージ

### 島の道場のビャクシンの木

前に、ツリーハウスを作ることについての本を読んでいると、こんな記述に行き当たったことがありました。

おおまかに、こんな文章です。「日本人は、昔から気に精霊が宿るという考えかたをするので、木に直接ボルトを打ちこんで樹上に家を作ることに抵抗を感じる人もいるようだ」と。

その文章のニュアンスは、「精霊が宿る」というのはあくまでも「物の考え方」であって、尊重はするが迷信にすぎないというものかと思います。

けれども、木に精霊が宿るのは厳然たる事実でありまして、彼らは喜びもすればいいな、悲しみも、怒りもするのです。たとえば最近、露天の五右衛門風呂を島の道場に新設したのですが、たまたま設置角度の都合上、その煙突がビャクシンの庭木に至近のところに来てしまいました。

私はおぼろげに「これだとビャクシンの木に煙がかかるから悪いかなぁ」と思いはしましたものの、やむを得ない配置の理由と思って許してくれるかなぁ、などとそのままにしていました。

ところがその翌々日、右の胸にやけに突き刺さるようなエネルギー波が来ていて痛いのでそこに意識をフォーカスしてみますと、ビャクシンの木の精が、怒りのエネルギーを送ってきていたのです。

そのメッセージは、木が煙を浴びてとてもつらいうえに、ずっと繰り返されると枯れてしまうかもしれない。木を殺すつもりなのか！……という悲しみと怒りが合わさった、大変に痛々しいものでした。

肉体レベルで、私の胸でその痛みをとても強く感じますので、そうしますと、「ああ、気楽に考えていてしまったけれど、木の精の立場に立ってみると、こんなにもこんなにもつらかったのか。本当に、ご免なさい」と、強く懺悔する気持ちが、自然と湧いてきました。

その懺悔の気持ちを伝えると共に、「何とか工夫をして、配置の角度を変えて煙突も作り直して煙が当たらないようにします」と伝えると、少し怒りが和らいだようです。

それでもすぐに怒りが収まるものではなく、しばらくはやり取りが続くのですが、やがて許す気になってくれると、スルスルー、と木の精のエネルギーが頭の方へ上がって行き、金色に光り輝きながら、頭のてっぺんから抜けていきました。

## 木の精霊の強力なエネルギー

彼らと約束をしたら、必ず実行しなければなりません。彼らは皆、強力な（特に大木は）超能力者のようなものなので、私が約束を本気で実行するつも

りなのかどうかまで、心の中を読み取ったうえで反応を示しますし、仮にもしも心の中で「やっぱり面倒だから元のままでいいや」などと思おうものなら、すごく離れたところにいても気づいて怒るでしょうし、すぐに攻撃が始まります。

「攻撃」とは記してしまいましたものの、彼らと接していて思うのは、よほどひどい迷惑をかけられないかぎりめったに怒ることなどありませんので、ちょっとしたことですぐプリプリ怒る人間なんかよりは、ずっと心が広くて優しいと思います。

ただし、むやみにいいかげんな理由で木を切り倒したり、扱いをずさんにして枯らしたりしますと激怒しますし、その荒ぶるエネルギーは、大木の場合、人間一人のパワーより遥かに強力です。エネルギーのレベルで何が起きているか分からない人にとっては、「何が原因か分からないが変な病気になった」ということくらいは、簡単に起こり得るのですよ。

こうしたことを信じていただけるなら、むやみに植物を切ったりいじめたり、しないようにしていただきたいと思います。実は、「こうしたことを知らない人が多すぎるので、皆に知らせることにします」、というのは、私が以前に傷つけてしまったシュロの木の精霊と交わした約束でもあるのです。シュロの木の精よ、あなたが大切に育てていたシュロの木を傷つけてしまいご免なさい。どうか幸せでありますように。

## 「私」がなくなると、「私の身体」はどうなる?

### 「無我」の世界の感覚とは

編集部のかたから、おたずねをいただきました。――「無我」、私はいないということが分かると、「この私の身体」はどうなってしまうのですか、と。

身体がちゃんと活動しなくなるのではないか、というようなご心配をされているということと推測されるのですが、実は事態は正反対です。「私」という自意識の幻影を介さずに直接認識しますので、日差しも木々の葉っぱも、小石も土も山々も空も、いつも、ただただドドン、とありありと見えます。ものすごくたくさんの音が、香りが、(そして食べているときなら)味が、身体の感覚が、そして思考もまた、すこぶる鮮明に、感じられているのです。

その際に、「それらを感じる私」という人格はいなくて、ただ「見える」があり、ただ「聞こえる」があり、自然に流れてくる「考える」という現象がある、という具合でありまして、誰が見ているとか、誰が考えているということは、生じていません。

真実の世界では、ただ自然現象が刻一刻と変化を続けているだけでありまして、誰も、いないのです。

また、そのようなとき、歩いていても、ただ、歩行という身体事象が生じているだけでありまして、「歩いている私がいる」とか「私が歩いている」という感覚は抜け落ちています。坐禅をしていても、「ただ坐るという状態」なだけで、「私が坐っている」とか「坐っているのは私だ」というのは、ないのです。料理をしていても、「ただ、手が動いている」のであって、「私が包丁を操っている」というのはありません。

ですから、どんな行為をしていようとも、それらはすべて、ただ、起きているだけであって、何の意味もありません。良いとか悪いとか、成功したとか失敗したとか、そのような人間的意味は何にも、ないのです。ですから、「成功しなくては」だの「うまくやらねば」だのといった力みと緊張とは無縁でありまして、のびのびとリラックスしきっているのですよ。

なにぶんにも、成功や失敗に心を奪われるための絶対に必要な条件とは、「それをやっているのは私だ」という、誤った自意識なのですから。私がやっていない、ただの自然現象にすぎないものについて、良いも悪いも起こり得ないのです。

**身体は電動アシスト機能がついたような感覚**

そうしてのびのびと身体が活動してくれるとき、私の場合はしばしば、身体にまるで電動アシスト機能でもついたかのように、歩く際の負荷が消えて雲の上をふわふわと飛び歩くかのようになります。「歩く」というよりは、お腹と腰のあたりが宙に浮くようになって、「勝手に足が、飛ぶように動いて行ってしまう」とでも表現するのが妥当そうな具合に、走るような速度で身体が動いて、まったく疲れを感じはしないのです。

私の道場は、三十度くらいの傾斜がありそうな極度の急坂の上に構えているのですが、この「電動アシスト状態」のときはこれもスイスイ飛ぶように上っていることが、気づかれもいたします。

ここまで記していてふと思い当たりましたのは、最初のご質問はおそらく前提として、「私が身体を操っている」と思っておられるのだろうということです。ですからその「操縦者たる私」がいなくなるなら、「動かなくなるのでは？」と感じるのでしょうか。

ところが、身体活動は、意識の集中状態で調査してみるなら、元々勝手に動いていて、それについて「私が動かしている」という錯覚が、後付けで生じているだけだと分かるのです。つまりポイントは、「私」なる者は、いると思っていただけで、元々いなかった、と分かるところにあります。元々なかった幻が消えても、身体にとって何の問題もないのです。

「私が」という余計な錯覚が落ちて、邪魔をしなくなってくれるのですから、身体活動も思考活動も「自然」に帰して、活き活き冴え冴えと、本来の力を取り戻すだけなのですよ。

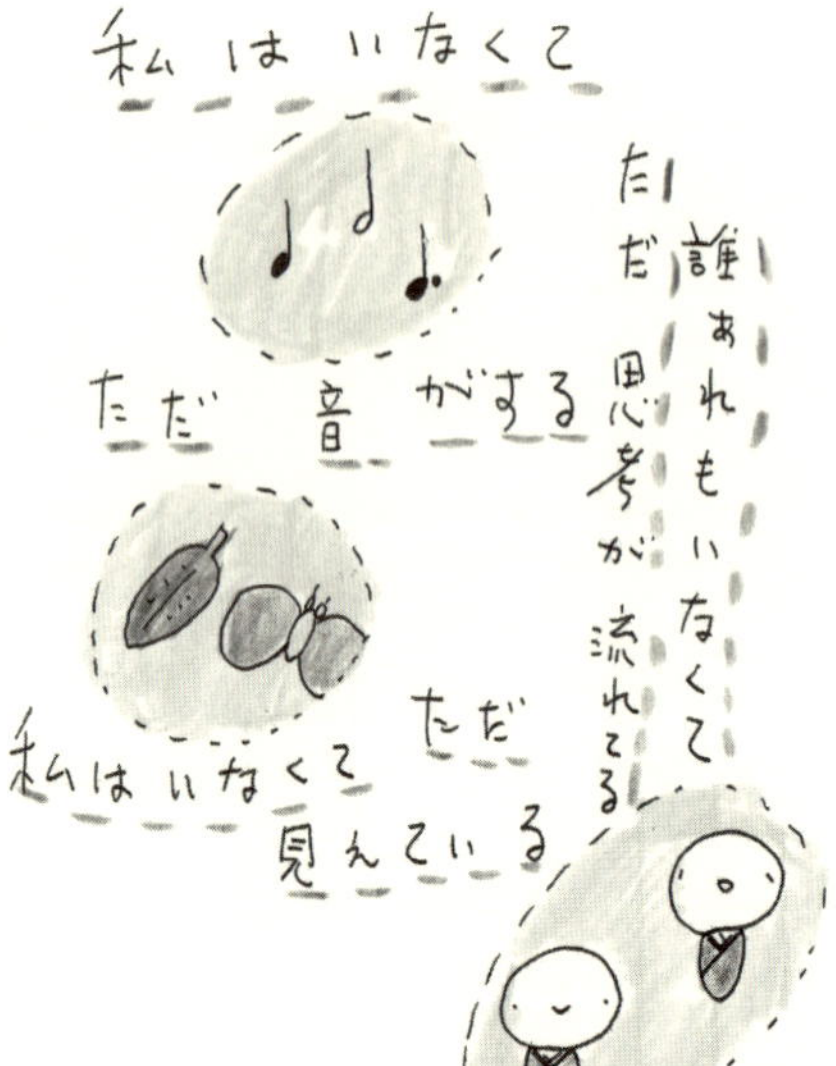

# 阿呆になれば、意識がクリアになる

## 坐禅は、特別なものではない

私が毎日毎日、血肉にするかのようにおこない続けている坐禅というものもまた、何ら特別なものではないのです。

なぜなら、それがもし何か「特別なもの」であるなら、自然から離反しているのです。「坐禅をおこなう前」というものがあって、さあ、これから坐禅という特別なものを始めるぞ、といったように画然と区切られているならば。「これまでは汚れた時間」「はい、これから綺麗な時間」というのは、おかしいのです。

別の言い方をしてみますと、「さあ、これから、やるぞ！」という主観的な力みや、「取り組むのだから、これこれの成果を挙げたい」といった欲望がつきまといます。取り組みの態度がそのようであればあるほど、「こうなりたい」「こうでなければならない」という思いに縛られて、心身は緊張状態に置かれ、のびやかさを失います。

つまり、自然から隔てられてしまい、自然の助けを得られなくなるのです。「私が、やるんだ！」といった自我感覚を手放していられれば大変のびのびと取り組めるはずのところが、変に力んでしまうと、疲れてしまうのですねぇ。

では、どうすれば、「私が、やる」というマインド抜きで、のんびりとあるがままにまかせきることができるでしょうか。一つのヒントは、「坐禅という特殊なことをしている」という思いを、持たないことです。

ただ単に、休憩時間にボーッとしているだけ、というくらいにノホホンとした心持ちで、何もせずに坐ってみるのです。ただし、リラックスしつつも、姿勢だけは完璧に真っ直ぐに保っておいて。

目は開いていても、焦点を合わせずにボヤーッとさせておいて下さい。さまざまな音や身体の感覚についても、ボヤーッとさせておいてピントを合わせずに、取り合わないような感じにしておきます。

何もかもどうでもいいや。そんな心持ちでボーッとしているときのような具合に、どんな感覚にも興味を持たず、ボンヤリした状態で、心が休まっているようにしていてやるのです。

要は、何にも、しないということですね。何にも、しない。

いいえ、けれども、ボーッとしていても、考えはあれやこれやと流れているはずです。つまり、「何にも、しない」のですけれども、それでも勝手に考えが生じては消えてゆくことでしょう。

### 徹底的に、ボーッとしてみる

それは、平素においてボーッとされているときも、同じはずです。ただし、ボーッとしているときは他のときとは異なって、そうして流れてくる考えに夢中になったり、その考えを理づめで追っていったりはしませんね。

ですから、考えが生じてはいるものの、考えがどこか遠くを勝手に流れてゆくような距離感が生まれていて、考えの威力が削《そ》がれていると考えられそうです。

それでも、ごく普通の「ボー」の場合は、実際にはせっかくリラックスしかけても「そういえば、あの仕事はああしてこうして～」とか、「そういえば、やっぱりあの人はおかしい、なぜなら……ぶつぶつ」とか、といったような形で、いつのまにやら考えにとらわれて夢中になったりもしているのが常でしょうから、その点では、完璧にはボーッとしきれていないことでしょう。

では、いっそのこと、徹底的にボーッとして、阿呆に、なりきってみませんか？どんな感覚や思考がやってきても、ヌボーッとしていて、それらにピントを合わせません。「はて、何やろなあ、よく分からんなあ」といった程度の塩梅に。

どんな好ましくない思考が湧いてきても、どんな良いアイディアが湧いてきても、すべてボケーッとして通り過ぎてゆくままに、放っておいてしまいます。

すると、どんな考えも何ひとつとらえなくなった心は深く深く休憩していて、そこまで阿呆になりきったところから、意識が覚醒してクリアにものごとが見えるようになってくるのです。「坐禅だ！」などと気負わず、ただ阿呆になって休憩すれば良いのですよ。

## 作られたものを手放し、生命力の源にアクセス

### 自然を言葉で理解するのは不可能

ここまで、主として、心の持ちようや考え方について記してまいりました。心の持ちようが、自然の流れと衝突することなく、流れに調和してゆけるようにと。

ところが実は、自然の流れそのものは、「心の持ちよう」でもなく「考えかた」でもありません。ある意味では、当たり前のことですね。自然そのものには、心の持ちようだとか考えかたなど、ありませんもの。そんなものは、人間の脳が作り出すものにすぎないからです。

そのようなわけで、自然そのものには言葉も概念も知識もありません。だか

らこそ、すべてを悠然と含みこんでくれているのです。

ところがそれを言葉ないし「考え」で理解しようとすると「自然」「すべてを包みこんで広い」「あるがまま」「無限」といった程度のことになってしまいます。なってしまうと申しますのは、自然という言葉は概念にすぎませんから不自然ですし、「包みこんで広い」という概念はすべてを包みこみませんし、「あるがまま」という言葉は「あるがままにすべき」というニュアンスを伴うので、あるがままではありませんし、「無限」という言葉は、ちっぽけで有限な、一つの単語にすぎないからです。

つまり、自然について、それらしい考えをこねあげてみると、その考えは自然を裏切るものにならざるを得ないような、すこぶる紛らわしいところがあるのだと、言わざるを得ません。

自然について、考えること、言葉で理解しようとすること。それは、端的に申しますと、不可能なのです。「理解した」と感じたとしたら、それはきっと言葉に騙されているのであって、自然そのものと調和しているところから、切り離されてしまっているに違いありません。理解というのは、不自然なのです。だからこそ、自然について考えるのではなく、ある観点からは、阿呆になりきることが必要なのです。そのとき、私たちは、何の矛盾もなく、端的に自然そのものに戻っているのです。

## 「心の持ちよう」以前の場所へ

もちろん、悪しき心の持ちようにとらわれているよりは、それを善き心の持ちように入れ替えるほうが、ずっと好ましいことではあります。けれども、悪しき心の持ちようも、善き心の持ちようも、どちらに対してもとらわれを放棄することによってこそ、「心の持ちよう」という小賢しい次元を超えた、心の持ちよう以前のところへと、還《かえ》ってゆけるのです。

ここへ還っているなら、居心地は、完全な◯《マル》とでも表現したくなるほど円満なのですが、◯とか円満という表現すら、ここには通用しません。ここには、そのような概念やイメージや思いは、何も入ってはこないのです。

ここはまた、誰もが忘れ去ってしまっている、生命力の源のようなものとも言えそうです。なぜ、生命力の源にアクセスできなくなっているのかと申せば、「この私」という殻にとらわれ、「私の考え」にうずもれているからなのです。「私が嬉しい」とか「私が悲しい」とか「私はこう思う」「私はこう理解する」とか。誰もが、そうした「考え」をこの宇宙で一番大切なことのように握りしめ、手放そうとしません。ですが、それらはすべて、この脳内で仮に作られたお話のようなもので、仮のお話に夢中になっている間は、「仮ではないもの」は、絶対に見つかりません。

仮のお話への執着を離れるとき、瞬時に心は、脳によって作られる以前の領域へと着地します。「作られる以前」とは、自然そのものとでも言うしかないようなものです。

もしもこれを読んで「こういうことか」と理解したとしても、そうした理解も脳によって作られたものであって、役に立ちません。それら「作られたもの」をことごとく、手放すことによってこそ、作られる以前の自然そのものに、出合っていることが叶うのですよ。

# 自然に生きるとは、「私」からの卒業です

## 「自然な生き方」アピールは不自然

自然によりそい、あるがままに生きることは、「自分は自然な生活をしています！」と宣伝することには馴染みません。

また、「自然な生活はこんなに素晴らしいのに、どうしてあなたたちはそれをしないの？」と押しつけたり自己主張することも、自然とは似て非なるものです。

ところが残念なことに、それらはしばしば混同されているように思われます。

たとえば、無農薬で野菜を作ることそのものは、人為による強制を減らしている分だけ自然に近いとは申せるでしょうけれども、しばしば「ほら！　無農

薬で作っているんですよ‼」という自己主張を伴いがちなのが難点です。のみならず、場合によっては、農薬を使っている農家のことを批判したり、農薬がいかに環境を損なっているかを批判したりすることもあるでしょう。

すると、そこには「私は正しい」「私は優れている」「私は良いことをしている」という自意識過剰が、ちらちらと見え隠れするものです。ですから、そうした会話は同じ価値観の者同士であればさほど波風は立たないでしょうけれども、そうでない人にとってみると、独善的な主張をぶつけられた不快感が残ることも、多いことでしょう。

翻って、自然と調和することとは、「私は正しい」とか「私は優れている」という際の「私」から卒業してゆく道のりなのです。そうである以上、「自然そうに見える生活」をしていることをあくまでも自意識を刺激して自尊心を満たすためにおこなってしまうなら、実はのっけから方向性が正反対なのだと申さなければなりません。

内実は正反対であるにもかかわらず、見た目のうえでは何となく似ているというのが、紛らわしいところですね。ですから、「私はこんなにも環境に配慮して省エネを心がけているのよ～」と、他人に言い聞かせる必要はないのです。それは、不自然への道です。

また、「自分はこんなにも環境に配慮していて、よく頑張っているなあ」と、心の中で自分を褒めるのも、やめておきましょう。それもまた、「私は正しい」「私って素晴らしい」と、心の中で呪文を唱えているだけだからです。

そういうのはやめて、ただ単に、ナチュラルに生きてみれば、とっても軽やかです。「ナチュラルに生きている私って、ステキ！」などと考えたり、他人に宣伝したり、他人を説得するような、無意味な苦労は本来、ちっとも必要ではありません。

**シンプルに、ただ生きてみよう**

ましてや、わざわざ自然に反している人々を見つけ出して、「彼らは不自然だ」と批判する必要など、どこにもありはしません。

宣伝も自慢も説得も説明も主張も批判も、どれもこれも本来、自然には馴染まないものなのですから。それらのとりこになるとき、私たちは、よりによって自然を道具にして、アイデンティティーのゲームを遊んでいるようなものです。「私とは、○○だ」「私とは、△△だ」「私とは、……」という、自分のイメージのために、自然という「良さそうなもの」を「私」の所有物リストへと付け足そうとしているかのように。

自然へと還ってゆく道のりは、まさに私たちが執着して、あれやこれやとゴテゴテと付け足してきたものを、手放してゆく道のりに他なりません。もしも、「私は自然的な、立派な生き方をしているんだ」という自意識が付け加わっているなら、そういう人間的な自尊心を手放して、シンプルに、ただ生きてみる。「ああだ、こうだ」と説明することもなく、ただ、せっせせっせと、生きてみる。

ただ、せっせせっせと、その時々刻々の「今」を生き抜いていれば、幸せです。幸せなとき、「私は立派」とか「私は正しい」とか「私は頑張ってる」などと、暗示をかけなくてよくなります。「立派でなきゃ」と思うと疲れてしまいますが、自然そのものの中には「立派」も「ダメ」も、どちらもないのですから。ホッと安息することが叶うのです。

## 「空」の心の絶対的な「大丈夫感」

### 心の「空」のスクリーンに映るもの

瞑想をしていて「空《くう》」の状態に立ち返っておりますと、心の本質とは、ある意味において映画館のスクリーンのようなものだと思い当たりました。

真っ白なスクリーンには、面白い映画も上映されますし、つまらない映画も上映されます。楽しいシーンも、悲しいシーンも、やり切れないシーンも、上映されます。

……けれども、それによって真っ白なスクリーンの、色が綺麗になったり汚くなったりするでしょうか？　いいえ、どんな素晴らしい出来事が映されてもスクリーンは真っ白なままですし、どんな嫌なシーンが映されてもスクリーンは純白なままでしょう。

そのように、「空」の中に心を置いている最中において、嫌だと思うことや残念に思うことが起きているように見えるとき、それらの感情が映されている「空」というスクリーン自体は、「空」のままでありまして、何のダメージも受けてはいないうえに、何も起きてはいないのだと分かるのです。

そうした経験を積み重ねているうちに、この心のスクリーンに何が映ったとしても、実はダメージを受けはしないので、何が起きてもヘッチャラだなあ、という、強固な安心感が定着してきたものです。それらの感情は、以前にも記したように、脳がデータ合成して作り上げた幻のようなものですから、実在しないという点で、まさに文字通り、フィクションの映画に似ています。

つまり、心の「空」のスクリーンに映っているように見えるものは、どれも本当は幻であって実在していないがゆえに、実は重要ではありませんし、執着するに価《あたい》しないのです。

それが分かってくれば分かってくるほど、一見すると嫌な感じの出来事や状況に対しても、大して動じなくなりますし、慌てずにのんびり対処できるようになってまいります。

また、そうした嫌なことに揺れなくなるのみならず、嬉しいことや望ましいことに対しても、揺れたりドキドキしたりしなくなってくるものです。

## 「空」に心を安住させると……

と申しますのも、たとえどれだけ理想的なことが起きようと、仕事が成功しようと、好ましい人から褒められようと、そうした出来事や、それによる喜びは、脳内でデータ合成されて、「空」のスクリーンにその瞬間、映るだけのことにすぎないのです。それが映っているとき、ふつうは誰もがそのような「上映」に夢中になっていて気づかないのですが、「上映」されている内容に心を奪われず、それが映されている「空」のほうに心を安住させているなら、気づいてしまいます。――たとえどれだけ「嬉しさ」という名の映画が上映されたとしても、その真っ只中において、それが上映されるスクリーンそのものは、純白なままであって、何が映っていようとも、一切関係がない、ということに。

　たとえ、表面にどんな脳内合成された幻が映っていても、「空」は「空」のまんまでありまして、そこに心が置かれ続けている以上は、そこにどんな映画が上映されていようと、それらに影響を一切受けずに、いつだって完璧な真っ白のまま、ひたすら幸福なだけなのです。

　こうした実践は、心を徒手空拳《としゅくうけん》のまんまで満ち足りさせてくれ、圧倒的な自信が、心に生まれてまいります。いえ、自信という怪しげな言葉よりも、絶対の「大丈夫感」とでも表現したほうが、より実感に近いような気もするところですね。

　とにかく、「空」の純白のまんまで満ち足りて大丈夫すぎるので、それ以外に、人に自分を認めてもらいたがったり、何かを手に入れたがったり、そうしたことを望む必要がなくなってくるのです。

　また、仮にそれらを手に入れて喜んでも、その喜びは結局、純白なスクリーン（すでに完璧な純白さの中にある！）を、さらに綺麗にしたりはしてくれず、スクリーンに何も及ぼしはしないので、無意味です。それゆえ、あれやこれやと望む必要もなく、心穏やかに法則に身を委《ゆだ》ねて「おまかせ」で、幸せなのです。

# あとがき

本書を通して、人が自覚している「私」というものは幻覚であり虚像にすぎず、それが分かれば、「自然＝運命」の流れにスムーズに沿って、自在に生きられるということを記してまいりました。

「私」という幻覚こそが、「自然＝運命」と敵対するがゆえに、無用な苦しみを膨大に背負わされてしまう元凶なのです。

「この私」「私のもの」「私にこんなことをされた」「私がこんなことをした」といった幻覚に惑わされずに済むなら、とっても晴れ晴れと、時々刻々を過ごしていられるのです。

それが、「自然＝運命」と衝突せずにうまく付き合うための、最良の道のりでありまして、「私」という思いを抜きに、なんにも難しい理屈はなしに、素朴で、朴訥《ぼくとつ》で、平明で、純粋に生きていられれば、これ以上の幸せはないと思っています。本書は一貫して、そのような生き方のための、レッスンになっているのです。

この「あとがき」では補足的に、またちょっと違う角度から、「私」という思いを抜きにして、自然が送ってきてくれているメッセージを読み取るすべを、記してみようと思います。

ときどき、鳥や小動物や虫などが、眼の前で、いかにも自分だけに何かを伝えようとでもしているかのごとく、奇妙な振るまいをしているのに、出会ったことはありませんか。

たとえばカニが、海辺で超スロウモーションで、十五分くらいかけてゆっくり動きながら、しょっちゅうこちらを見ている、とか。小鳥たちが、ふつうそのようには鳴かないと思えるメロディーで、自分にとって意味のあるように直感されるタイミングで鳴き始める、とか。

あるいはカラスが急接近してきたと思ったら離れていき、また離れたと思ったら再び急接近、を何度も繰り返した後で、木の葉っぱを一枚だけ千切って、眼の前に落としてくれる、とか。

もう一例だけ挙げてみましょう。ある方向に進もうとしていると、セキレイが異様に人間的な礼儀正しさで、反対方向にちょこちょこ歩いていき、少し進んではこちらを振り向き、追いかけて行くと同じく少し進んではこちらを振り向き振り向き、ゆっくり進む、とか。

何故にこのような一見すると奇妙なことが起こるかについての原因はここでは書ききれませんが、こういった現象は、そのメッセージを直感で読み解けば、ほぼ確実に、私たちを正しい方向へと導いてくれます。

どう読み解けばよいのかのヒントを申しておきますと、読み解かなければいいのです。つまり、「これは良い意味だろうか？」「何の意味があるんだろう」「何をしろっていうのだろう」などと、私が考えて読み解こうとすると、余計な主観によってねじ曲げられてしまい、おそらくは自分勝手に読み間違えてしまいます。

そうではなくて、頭を真っ白にして、ふっと直感がやってくるのを、しばし心静かに待ってみてください。充分に真っ白にできていたなら、そのときインスピレーションとして、「あ、これはこういうことを言いたいんだな」と、閃くはずです。

それはときとして「慎重にしなければ危ない」と教えてくれたり、失敗しそうなときに励ましてくれたり、守護を与えてくれたり、行先の変更を告げてくれたりしていて、その通りにするといかに助けられたかが、後でよくわかるものです。

そのようにして、この世界は、皆さんが思い込んでいるよりも遥かに色合い豊かに、様々なメッセージが織り込まれていて、「私」を忘れれば忘れるほど、それら豊饒《ほうじょう》な世界へと、心が開かれもします。

そうした世界の成り立ちは、端的に、実に緻密で完璧な自然法則によって貫かれていて、ほんのちょっとも無駄がなく、完全にデザインされているのです。

虫や動物の振るまいから始まって、その日その日に出会う人々の振るまいや言動にいたるまで、起こることは、ことごとく私たちにメッセージや試練を与えていて、何ひとつとして、無駄なものはありません。「無駄」に見えるのは、見る目が曇っているからであって、出来事は、すべて完全なのです。

このように完全なデザインである「自然＝運命」と、皆様がうまく付き合ってゆけますように。

小池龍之介

イラスト＝小池龍之介
撮影＝佐藤克秋
ブックデザイン＝三村 漢 (niwa no niwa)

本書は、月刊『清流』の連載「自然におまかせのリズム」
(二〇一五年七月号～二〇一八年九月号)に加筆修正し、単行本化したものです。

**小池龍之介**（こいけ・りゅうのすけ）

1978年生まれ。山口県出身。神奈川県・月読寺住職。東京大学教養学部卒業。自身の修行を続けながら、執筆活動、一般向けの坐禅指導をおこなう。『考えない練習』『苦しまない練習』『こだわらない練習』『頭の決まりの壊し方』（以上、小学館）、『しない生活』『いま、死んでもいいように』（幻冬舎）など著書多数。
月読寺ウェブサイト http://iede.cc/

---

# 運命とうまく付き合うレッスン

2018年8月15日　初版第1刷発行

著　者　小池龍之介


発行者　藤木健太郎
発行所　清流出版株式会社
〒101-0051
東京都千代田区神田神保町3-7-1
電話　03-3288-5405
ホームページ　http://www.seiryupub.co.jp/
編集担当　秋篠貴子
印刷・製本　大日本印刷株式会社

乱丁・落丁本はお取替えいたします。
ISBN978-4-86029-478-6